AF733553

TABELLEN

**zur Gebührenordnung für Rechtsanwälte,
zur Reichskostenordnung in freiwilliger Gerichtsbarkeit,
zum Gerichtskostengesetz, zum Umsatzsteuergesetz,
zu den Gebühren für Gerichtsvollzieher
und zu den Gebühren nach der Justizbeitreibungsordnung
nebst ergänzenden Bestimmungen
und Erläuterungen**

Begründet von

GOTTFRIED QUANDT

Rechtsanwalt

17. ergänzte und erweiterte Auflage

zusammengestellt von

P. HOFMANN

**Justizamtmann und Bezirksrevisor
Frankfurt a. M.**

Berlin 1955

WALTER DE GRUYTER & CO.

**vormals G. J. Göschen'sche Verlagshandlung · J. Guttentag, Verlagsbuchhandlung
Georg Reimer · Karl J. Trübner · Veit & Comp.**

Archiv Nr. 22 41 55

Satz: Walter de Gruyter & Co., Berlin W 35 / Druck: Berliner Buchdruckerei Union G. m. b. H., Berlin SW 29

Vorwort zur 17. Auflage

Die rege Nachfrage hat eine neue Auflage erforderlich gemacht. Um viel geäußerten Wünschen zu entsprechen, ist die Tabelle der Rechtsanwaltsgebühren für Prozeß bis zu einem Streitwert von 100000 DM sowie die Tabelle der Gerichtskosten für Prozeß ebenfalls bis zu einem Streitwert von 100000 DM ergänzt worden. Neu eingefügt ist eine Tabelle der Gerichtsgebühren zum Arbeitsgerichtsgesetz. Auch schien es mir nötig, in Abschnitt VI auf die Kostenregelung nach dem Sozialgerichts-, dem Bundesverwaltungsgerichts-, dem Wohnungseigentums-, dem Verschollenheits-, dem Vertragshilfegesetz, der Hausratsregelungsverordnung und im Verfahren nach dem Landwirtschaftsverfahrensgesetz hinzuweisen.

Für die Anregungen, aber auch für die mir unaufgefordert zugegangenen Anerkennungen herzlichen Dank.

Für erneute Hinweise und Berichtigungen bin ich nach wie vor dankbar.

Frankfurt a. M., im März 1955

P. Hofmann

I. Rechtsanwaltsgebühren in bürgerlichen Rechtsstreitigkeiten gemäß § 9 RAGebO

(Gesetz vom 28. 1. 27 — RGBl. S. 53 u. 162 —, 5. 7. 27 — RGBl. S. 152, 162 — und 7. 8. 52 — BGBl. I S. 401)

Gültig ab 1. August 1952

Wertstufe	Wert bis einschl. DM	10/10 DM	5/10 DM	3/10 DM	2/10 DM	Berufungs- und Revisionsinstanz 13/10 DM	13/20 DM
1	20	2	2	2	2	2,60	2
2	60	4	2	2	2	5,20	2,60
3	100	6	3	2	2	7,80	3,90
4	150	8	4	2,40	2	10,40	5,20
5	200	10	5	3	2	13	6,50
6	300	15	7,50	4,50	3	19,50	9,80
7	400	20	10	6	4	26	13
8	500	25	12,50	7,50	5	32,50	16,30
9	600	34,80	17,40	10,50	7	45,30	22,70
10	700	39,60	19,80	11,90	8	51,50	25,80
11	800	44,40	22,20	13,40	8,90	57,80	29
12	900	49,20	24,60	14,80	9,90	64	32,10
13	1000	54	27	16,20	10,80	70,20	35,20
14	1100	60	30	18	12	78	39
15	1200	63,80	31,90	19,20	12,80	82,90	41,50
16	1300	67,50	33,80	20,30	13,50	87,80	43,90
17	1400	71,30	35,70	21,40	14,30	92,70	46,40
18	1500	75	37,50	22,50	15	97,50	48,80
19	1600	78,80	39,40	23,70	15,80	102,40	51,30
20	1700	82,50	41,30	24,80	16,50	107,30	53,70
21	1800	86,30	43,20	25,90	17,30	112,20	56,20
22	1900	90	45	27	18	117	58,50
23	2000	93,80	46,90	28,20	18,80	121,90	61
24	2100	97,50	48,80	29,30	19,50	126,80	63,40
25	2200	101,30	50,70	30,40	20,30	131,70	65,90
26	2300	105	52,50	31,50	21	136,50	68,30
27	2400	108,80	54,40	32,70	21,80	141,40	70,80
28	2500	112,50	56,30	33,80	22,50	146,30	73,20
29	2600	116,30	58,20	34,90	23,30	151,20	75,70
30	2700	120	60	36	24	156	78
31	2800	123,80	61,90	37,20	24,80	160,90	80,50
32	2900	127,50	63,80	38,30	25,50	165,80	82,90
33	3000	131,30	65,70	39,40	26,30	170,70	85,40
34	3100	133,80	66,90	40,20	26,80	173,90	87
35	3200	136,30	68,20	40,90	27,30	177,20	88,70

I. Rechtsanwaltsgebühren

Wertstufe	Wert bis einschl.	$^{10}/_{10}$	$^{5}/_{10}$	$^{3}/_{10}$	$^{2}/_{10}$	Berufungs- und Revisionsinstanz $^{13}/_{10}$	$^{13}/_{20}$
	DM	DM	DM	DM	DM	DM	DM
36	3300	138,80	69,40	41,70	27,80	180,40	90,20
37	3400	141,30	70,70	42,40	28,30	183,70	91,90
38	3500	143,80	71,90	43,20	28,80	186,90	93,50
39	3600	146,30	73,20	43,90	29,30	190,20	95,20
40	3700	148,80	74,40	44,70	29,80	193,40	96,80
41	3800	151,30	75,70	45,40	30,30	196,70	98,40
42	3900	153,80	76,90	46,20	30,80	199,90	100
43	4000	156,30	78,20	46,90	31,30	203,20	101,70
44	4100	158,80	79,40	47,70	31,80	206,40	103,30
45	4200	161,30	80,70	48,40	32,30	209,70	104,90
46	4300	163,80	81,90	49,20	32,80	212,90	106,50
47	4400	166,30	83,20	49,90	33,30	216,20	108,20
48	4500	168,80	84,40	50,70	33,80	219,40	109,80
49	4600	171,30	85,70	51,40	34,30	222,70	111,40
50	4700	173,80	86,90	52,20	34,80	225,90	113
51	4800	176,30	88,20	52,90	35,30	229,20	114,70
52	4900	178,80	89,40	53,70	35,80	232,40	116,30
53	5000	181,30	90,70	54,40	36,30	235,70	117,90
54	5100	183,80	91,90	55,20	36,80	238,90	119,50
55	5200	186,30	93,20	55,90	37,30	242,20	121,20
56	5300	188,80	94,40	56,70	37,80	245,40	122,80
57	5400	191,30	95,70	57,40	38,30	248,70	124,40
58	5500	193,80	96,90	58,20	38,80	251,90	126
59	5600	196,30	98,20	58,90	39,30	255,20	127,70
60	5700	198,80	99,40	59,70	39,80	258,40	129,30
61	5800	201,30	100,70	60,40	40,30	261,70	130,90
62	5900	203,80	101,90	61,20	40,80	264,90	132,50
63	6000	206,30	103,20	61,90	41,30	268,20	134,20
64	6100	207,50	103,80	62,30	41,50	269,80	134,90
65	6200	208,80	104,40	62,70	41,80	271,40	135,80
66	6300	210	105	63	42	273	136,50
67	6400	211,30	105,70	63,40	42,30	274,70	137,40
68	6500	212,50	106,30	63,80	42,50	276,30	138,20
69	6600	213,80	106,90	64,20	42,80	277,90	139
70	6700	215	107,50	64,50	43	279,50	139,80
71	6800	216,30	108,20	64,90	43,30	281,20	140,70
72	6900	217,50	108,80	65,30	43,50	282,80	141,40
73	7000	218,80	109,40	65,70	43,80	284,40	142,30
74	7100	220	110	66	44	286	143
75	7200	221,30	110,70	66,40	44,30	287,70	143,90

I. Rechtsanwaltsgebühren

Wert-stufe	Wert bis einschl. DM	$^{10}/_{10}$ DM	$^{5}/_{10}$ DM	$^{3}/_{10}$ DM	$^{2}/_{10}$ DM	Berufungs- und Revisionsinstanz $^{13}/_{10}$ DM	$^{13}/_{20}$ DM
76	7300	222,50	111,30	66,80	44,50	289,30	144,70
77	7400	223,80	111,90	67,20	44,80	290,90	145,50
78	7500	225	112,50	67,50	45	292,50	146,30
79	7600	226,30	113,20	67,90	45,30	294,20	147,20
80	7700	227,50	113,80	68,30	45,50	295,80	147,90
81	7800	228,80	114,40	68,70	45,80	297,40	148,80
82	7900	230	115	69	46	299	149,50
83	8000	231,30	115,70	69,40	46,30	300,70	150,40
84	8100	232,50	116,30	69,80	46,50	302,30	151,20
85	8200	233,80	116,90	70,20	46,80	303,90	152
86	8300	235	117,50	70,50	47	305,50	152,80
87	8400	236,30	118,20	70,90	47,30	307,20	153,70
88	8500	237,50	118,80	71,30	47,50	308,80	154,40
89	8600	238,80	119,40	71,70	47,80	310,40	155,30
90	8700	240	120	72	48	312	156
91	8800	241,30	120,70	72,40	48,30	313,70	156,90
92	8900	242,50	121,30	72,80	48,50	315,30	157,70
93	9000	243,80	121,90	73,20	48,80	316,90	158,50
94	9100	245	122,50	73,50	49	318,50	159,30
95	9200	246,30	123,20	73,90	49,30	320,20	160,20
96	9300	247,50	123,80	74,30	49,50	321,80	160,90
97	9400	248,80	124,40	74,70	49,80	323,40	161,80
98	9500	250	125	75	50	325	162,50
99	9600	251,30	125,70	75,40	50,30	326,70	163,40
100	9700	252,50	126,30	75,80	50,50	328,30	164,20
101	9800	253,80	126,90	76,20	50,80	329,90	165
102	9900	255	127,50	76,50	51	331,50	165,80
103	10000	256,30	128,20	76,90	51,30	333,20	166,70
104	10100	256,90	128,50	77,20	51,40	334	167
105	10200	257,50	128,80	77,30	51,50	334,80	167,40
106	10300	258,20	129,20	77,50	51,70	335,70	167,90
107	10400	258,80	129,40	77,70	51,80	336,40	168,30
108	10500	259,40	129,80	77,90	51,90	337,30	168,70
109	10600	260	130	78	52	338	169
110	10700	260,70	130,40	78,30	52,20	338,90	169,50
111	10800	261,30	130,70	78,40	52,30	339,70	169,90
112	10900	261,90	131	78,70	52,40	340,50	170,30
113	11000	262,50	131,30	78,80	52,50	341,30	170,70
114	11100	263,20	131,70	79	52,70	342,20	171,20
115	11200	263,80	131,90	79,20	52,80	342,90	171,50

I. Rechtsanwaltsgebühren

Wert-stufe	Wert bis einschl.	$^{10}/_{10}$	$^{5}/_{10}$	$^{3}/_{10}$	$^{2}/_{10}$	Berufungs- und Revisionsinstanz $^{13}/_{10}$	$^{13}/_{20}$
	DM	DM	DM	DM	DM	DM	DM
116	11300	264,40	132,30	79,40	52,90	343,80	171,90
117	11400	265	132,50	79,50	53	344,50	172,30
118	11500	265,70	132,90	79,80	53,20	345,40	172,80
119	11600	266,30	133,20	79,90	53,30	346,20	173,20
120	11700	266,90	133,50	80,20	53,40	347	173,50
121	11800	267,50	133,80	80,30	53,50	347,80	173,90
122	11900	268,20	134,20	80,50	53,70	348,70	174,40
123	12000	268,80	134,40	80,70	53,80	349,40	174,80
124	12100	269,40	134,80	80,90	53,90	350,30	175,20
125	12200	270	135	81	54	351	175,50
126	12300	270,70	135,40	81,30	54,20	351,90	176
127	12400	271,30	135,70	81,40	54,30	352,70	176,40
128	12500	271,90	136	81,70	54,40	353,50	176,80
129	12600	272,50	136,30	81,80	54,50	354,30	177,20
130	12700	273,20	136,70	82	54,70	355,20	177,70
131	12800	273,80	136,90	82,20	54,80	355,90	178
132	12900	274,40	137,30	82,40	54,90	356,80	178,40
133	13000	275	137,50	82,50	55	357,50	178,80
134	13100	275,70	137,90	82,80	55,20	358,40	179,30
135	13200	276,30	138,20	82,90	55,30	359,20	179,70
136	13300	276,90	138,50	83,20	55,40	360	180
137	13400	277,50	138,80	83,30	55,50	360,80	180,40
138	13500	278,20	139,20	83,50	55,70	361,70	180,90
139	13600	278,80	139,40	83,70	55,80	362,40	181,30
140	13700	279,40	139,80	83,90	55,90	363,30	181,70
141	13800	280	140	84	56	364	182
142	13900	280,70	140,40	84,30	56,20	364,90	182,50
143	14000	281,30	140,70	84,40	56,30	365,70	182,90
144	14100	281,90	141	84,70	56,40	366,50	183,30
145	14200	282,50	141,30	84,80	56,50	367,30	183,70
146	14300	283,20	141,70	85	56,70	368,20	184,20
147	14400	283,80	141,90	85,20	56,80	368,90	184,50
148	14500	284,40	142,30	85,40	56,90	369,80	184,90
149	14600	285	142,50	85,50	57	370,50	185,30
150	14700	285,70	142,90	85,80	57,20	371,40	185,80
151	14800	286,30	143,20	85,90	57,30	372,20	186,20
152	14900	286,90	143,50	86,20	57,40	373	186,50
153	15000	287,50	143,80	86,30	57,50	373,80	186,90
154	15100	288,20	144,20	86,50	57,70	374,70	187,40
155	15200	288,80	144,40	86,70	57,80	375,40	187,80

I. Rechtsanwaltsgebühren

Wert-stufe	Wert bis einschl.	$^{10}/_{10}$	$^{5}/_{10}$	$^{3}/_{10}$	$^{2}/_{10}$	Berufungs- und Revisionsinstanz $^{13}/_{10}$	$^{13}/_{20}$
	DM	DM	DM	DM	DM	DM	DM
156	15300	289,40	144,80	86,90	57,90	376,30	188,20
157	15400	290	145	87	58	377	188,50
158	15500	290,70	145,40	87,30	58,20	377,90	189
159	15600	291,30	145,70	87,40	58,30	378,70	189,40
160	15700	291,90	146	87,70	58,40	379,50	189,80
161	15800	292,50	146,30	87,80	58,50	380,30	190,20
162	15900	293,20	146,70	88	58,70	381,20	190,70
163	16000	293,80	146,90	88,20	58,80	381,90	191
164	16100	294,40	147,30	88,40	58,90	382,80	191,40
165	16200	295	147,50	88,50	59	383,50	191,80
166	16300	295,70	147,90	88,80	59,20	384,40	192,30
167	16400	296,30	148,20	88,90	59,30	385,20	192,70
168	16500	296,90	148,50	89,20	59,40	386	193
169	16600	297,50	148,80	89,30	59,50	386,80	193,40
170	16700	298,20	149,20	89,50	59,70	387,70	193,90
171	16800	298,80	149,40	89,70	59,80	388,40	194,30
172	16900	299,40	149,80	89,90	59,90	389,30	194,40
173	17000	300	150	90	60	390	195
174	17100	300,70	150,40	90,30	60,20	390,90	195,50
175	17200	301,30	150,70	90,40	60,30	391,70	195,90
176	17300	301,90	151	90,70	60,40	392,50	196,30
177	17400	302,50	151,30	90,80	60,50	393,30	196,70
178	17500	303,20	151,70	91	60,70	394,20	197,20
179	17600	303,80	151,90	91,20	60,80	394,90	197,50
180	17700	304,40	152,30	91,40	60,90	395,80	197,90
181	17800	305	152,50	91,50	61	396,50	198,30
182	17900	305,70	152,90	91,80	61,20	397,40	198,90
183	18000	306,30	153,20	91,90	61,30	398,20	199,20
184	18100	306,90	153,50	92,20	61,40	399	199,50
185	18200	307,50	153,80	92,30	61,50	399,80	199,90
186	18300	308,20	154,20	92,50	61,70	400,70	200,40
187	18400	308,80	154,40	92,70	61,80	401,40	200,80
188	18500	309,40	154,80	92,90	61,90	402,30	201,20
189	18600	310	155	93	62	403	201,50
190	18700	310,70	155,40	93,30	62,20	403,90	202
191	18800	311,30	155,70	93,40	62,30	404,70	202,40
192	18900	311,90	156	93,70	62,40	405,50	202,80
193	19000	312,50	156,30	93,80	62,50	406,30	203,20
194	19100	313,20	156,70	94	62,70	407,20	203,70
195	19200	313,80	156,90	94,20	62,80	407,90	204

I. Rechtsanwaltsgebühren

Wert-stufe	Wert bis einschl.	$^{10}/_{10}$	$^{5}/_{10}$	$^{3}/_{10}$	$^{2}/_{10}$	Berufungs- und Revisionsinstanz $^{13}/_{10}$	$^{13}/_{20}$
	DM	DM	DM	DM	DM	DM	DM
196	19300	314,40	157,30	94,40	62,90	408,80	204,40
197	19400	315	157,50	94,50	63	409,50	204,80
198	19500	315,70	157,90	94,80	63,20	410,40	205,30
199	19600	316,30	158,20	94,90	63,30	411,20	205,70
200	19700	316,90	158,50	95,20	63,40	412	206
201	19800	317,50	158,80	95,30	63,50	412,80	206,40
202	19900	318,20	159,20	95,50	63,70	413,70	206,90
203	20000	318,80	159,40	95,70	63,80	414,40	207,30
204	21000	325	162,50	97,50	65	422,50	211,30
205	22000	331,30	165,70	99,40	66,30	430,70	215,40
206	23000	337,50	168,80	101,30	67,50	438,80	219,40
207	24000	343,80	171,90	103,20	68,80	446,90	223,50
208	25000	350	175	105	70	455	227,50
209	26000	356,30	178,20	106,90	71,30	463,20	231,70
210	27000	362,50	181,30	108,80	72,50	471,30	235,70
211	28000	368,80	184,40	110,70	73,80	479,40	239,80
212	29000	375	187,50	112,50	75	487,50	243,80
213	30000	381,30	190,70	114,40	76,30	495,70	247,90
214	31000	387,50	193,80	116,30	77,50	503,80	251,90
215	32000	393,80	196,90	118,20	78,80	511,90	256
216	33000	400	200	120	80	520	260
217	34000	406,30	203,20	121,90	81,30	528,20	264,20
218	35000	412,50	206,30	123,80	82,50	536,30	268,20
219	36000	418,80	209,40	125,70	83,80	544,40	272,30
220	37000	425	212,50	127,50	85	552,50	276,30
221	38000	431,30	215,70	129,40	86,30	560,70	280,40
222	39000	437,50	218,80	131,30	87,50	568,80	284,40
223	40000	443,80	221,90	133,20	88,80	576,90	288,50
224	41000	450	225	135	90	585	292,50
225	42000	456,30	228,20	136,90	91,30	593,20	296,70
226	43000	462,50	231,30	138,80	92,50	601,30	300,70
227	44000	468,80	234,40	140,70	93,80	609,40	304,80
228	45000	475	237,50	142,50	95	617,50	308,80
229	46000	481,30	240,70	144,40	96,30	625,70	312,90
230	47000	487,50	243,80	146,30	97,50	633,80	316,90
231	48000	493,80	246,90	148,20	98,80	641,90	321
232	49000	500	250	150	100	650	325
233	50000	506,30	253,20	151,90	101,30	658,20	329,20
234	51000	512,50	256,30	153,80	102,50	666,30	333,20
235	52000	518,80	259,40	155,70	103,80	674,40	337,30

I. Rechtsanwaltsgebühren

Wertstufe	Wert bis einschl. DM	10/10 DM	5/10 DM	3/10 DM	2/10 DM	Berufungs- und Revisionsinstanz 13/10 DM	13/20 DM
236	53000	525	262,50	157,50	105	682,50	341,30
237	54000	531,30	265,70	159,40	106,30	690,70	345,40
238	55000	537,50	268,80	161,30	107,50	698,80	349,40
239	56000	543,80	271,90	163,20	108,80	706,90	353,50
240	57000	550	275	165	110	715	357,50
241	58000	556,30	278,20	166,90	111,30	723,20	361,70
242	59000	562,50	281,30	168,80	112,50	731,30	365,70
243	60000	568,80	284,40	170,70	113,80	739,40	369,80
244	61000	575	287,50	172,50	115	747,50	373,80
245	62000	581,30	290,70	174,40	116,30	755,70	377,90
246	63000	587,50	293,80	176,30	117,50	763,80	381,90
247	64000	593,80	296,90	178,20	118,80	771,90	386
248	65000	600	300	180	120	780	390
249	66000	606,30	303,20	181,90	121,30	788,20	394,20
250	67000	612,50	306,30	183,80	122,50	796,30	398,20
251	68000	618,80	309,40	185,70	123,80	804,40	402,30
252	69000	625	312,50	187,50	125	812,50	406,30
253	70000	631,30	315,70	189,40	126,30	821,70	410,40
254	71000	637,50	318,80	191,30	127,50	828,80	414,40
255	72000	643,80	321,90	193,20	128,80	836,90	418,50
256	73000	650	325	195	130	845	422,50
257	74000	656,30	328,20	196,90	131,30	853,20	426,70
258	75000	662,50	331,30	198,80	132,50	861,30	430,70
259	76000	668,80	334,40	200,70	133,80	869,40	434,80
260	77000	675	337,50	202,50	135	877,50	439,80
261	78000	681,30	340,70	204,40	136,30	885,70	442,90
262	79000	687,50	343,80	206,30	137,50	893,80	446,90
263	80000	693,80	346,90	208,20	138,80	901,90	451
264	81000	700	350	210	140	910	455
265	82000	706,30	353,20	211,90	141,30	918,20	459,20
266	83000	712,50	356,30	213,80	142,50	926,30	463,20
267	84000	718,80	359,40	215,70	143,80	934,40	467,30
268	85000	725	362,50	217,50	145	942,50	471,30
269	86000	731,30	365,70	219,40	146,30	950,70	475,40
270	87000	737,50	368,80	221,30	147,50	958,80	479,40
271	88000	743,80	371,90	223,20	148,80	966,90	483,50
272	89000	750	375	225	150	975	487,50
273	90000	756,30	378,20	226,90	151,30	983,20	491,70
274	91000	762,50	381,30	228,80	152,50	991,30	495,70
275	92000	768,80	384,40	230,70	153,80	999,40	499,80

I. Rechtsanwaltsgebühren

Wertstufe	Wert bis einschl. DM	$^{10}/_{10}$ DM	$^{5}/_{10}$ DM	$^{3}/_{10}$ DM	$^{2}/_{10}$ DM	Berufungs- und Revisionsinstanz $^{13}/_{10}$ DM	$^{13}/_{20}$ DM
276	93000	775	387,50	232,50	155	1007,50	503,80
277	94000	781,30	390,70	234,40	156,30	1015,70	507,90
278	95000	787,50	393,80	236,30	157,50	1023,80	511,90
279	96000	793,80	396,90	238,20	158,80	1031,90	516
280	97000	800	400	240	160	1040	520
281	98000	806,30	403,20	241,90	161,30	1048,20	524,20
282	99000	812,50	406,30	243,80	162,50	1056,30	528,20
283	100000	818,80	409,40	245,70	163,80	1064,40	532,30

usw. steigend bei Werten bis **1000000 DM** für je **1000 DM**

		um 2,50	um 1,25	um 0,75	um 0,50	um 3,25	um 1,625

dazu ein Zuschlag von 25%
oder von dem auf 1000 DM aufgerundeten Wert

		$^{1}/_{4}$% + 405	$^{1}/_{8}$% + 202,50	$^{3}/_{40}$% + 121,50	$^{1}/_{20}$% + 81	$^{13}/_{40}$% + 526,50	$^{13}/_{80}$% + 263,25

dazu ein Zuschlag von 25%

Zum Beispiel:

284	101000	821,90	411	246,70	164,40	1068,50	534,30
285	102000	825	412,50	247,50	165	1072,50	536,30
286	103000	828,20	414,20	248,50	165,70	1076,70	538,40
287	104000	831,30	415,70	249,40	166,30	1080,70	540,40
288	105000	834,40	417,30	250,40	166,90	1084,80	542,40
289	106000	837,50	418,80	251,30	167,50	1088,80	544,40
290	107000	840,70	420,40	252,30	168,20	1092,90	546,50
291	108000	843,80	421,90	253,20	168,80	1096,90	548,50
292	109000	846,90	423,50	254,20	169,40	1101	550,50
293	110000	850	425	255	170	1105	552,50
303	120000	881,30	440,70	264,40	176,30	1145,70	572,90
313	130000	912,50	456,30	273,80	182,50	1186,30	593,20
323	140000	943,80	471,90	283,20	188,80	1226,90	613,50
333	150000	975	487,50	292,50	195	1267,50	633,80
343	160000	1006,30	503,20	301,90	201,30	1308,20	654,20
353	170000	1037,50	518,80	311,30	207,50	1348,80	674,40
363	180000	1068,80	534,40	320,70	213,80	1389,40	694,80
373	190000	1100	550	330	220	1430	715
383	200000	1131,30	565,70	339,40	226,30	1470,70	735,40

Von Wertstufe 284 an sind die Zwischenstufen zwischen den hier beispielsweise aufgeführten Stufen zu beachten!

I. Rechtsanwaltsgebühren

Wert-stufe	Wert bis einschl. DM	$^{10}/_{10}$ DM	$^{5}/_{10}$ DM	$^{3}/_{10}$ DM	$^{2}/_{10}$ DM	Berufungs- und Revisionsinstanz $^{13}/_{10}$ DM	$^{13}/_{20}$ DM
393	210000	1162,50	581,30	348,80	232,50	1511,30	755,70
403	220000	1193,80	596,90	358,20	238,80	1551,90	776
413	230000	1225	612,50	367,50	245	1592,50	796,30
423	240000	1256,30	628,20	376,90	251,30	1633,20	816,70
433	250000	1287,50	643,80	386,30	257,50	1673,80	836,90
443	260000	1318,80	659,40	395,70	263,80	1714,40	857,30
453	270000	1350	675	405	270	1755	877,50
463	280000	1381,30	690,70	414,40	276,30	1795,70	897,90
473	290000	1412,50	706,30	423,80	282,50	1836,30	918,20
483	300000	1443,80	721,90	433,20	288,80	1876,90	938,50
493	310000	1475	737,50	442,50	295	1917,50	958,80
503	320000	1506,30	753,20	451,90	301,30	1958,20	979,20
513	330000	1537,50	768,80	461,30	307,50	1998,80	999,40
523	340000	1568,80	784,40	470,70	313,80	2039,40	1019,70
533	350000	1600	800	480	320	2080	1040
543	360000	1631,30	815,70	489,40	326,30	2120,70	1060,40
553	370000	1662,50	831,30	498,80	332,50	2161,30	1080,70
563	380000	1693,80	846,90	508,20	338,80	2201,90	1101
573	390000	1725	862,50	517,50	345	2242,50	1121,30
583	400000	1756,30	878,20	526,90	351,30	2283,20	1141,70
593	410000	1787,50	893,80	536,30	357,50	2323,80	1161,90
603	420000	1818,80	909,40	545,70	363,80	2364,40	1182,30
613	430000	1850	925	555	370	2405	1202,50
623	440000	1881,30	940,70	564,40	376,30	2445,70	1222,90
633	450000	1912,50	956,30	573,80	382,50	2486,30	1243,20
683	500000	2068,80	1034,40	620,70	413,80	2689,40	1344,80
783	600000	2381,30	1190,70	714,40	476,30	3095,70	1547,90
883	700000	2693,80	1346,90	808,20	538,80	3501,90	1751
983	800000	3006,30	1503,20	901,90	601,30	3908,20	1954,20
1083	900000	3318,80	1659,40	995,70	663,80	4314,40	2157,30
1183	1000000	3631,30	1815,70	1089,40	726,30	4720,70	2360,40
von hier ab steigend bei Werten bis **5000000 DM** für je **1000 DM**							
		um 2	um 1	um 0,60	um 0,40	um 2,60	um 1,30
dazu ein Zuschlag von 25% oder von dem auf 1000 DM aufgerundeten Wert							
		0,2% + 905	0,1% + 452,50	0,06% + 271,50	0,04% + 181	0,26% +1176,50	0,13% + 588,25
dazu ein Zuschlag von 25%							

Von Wertstufe 284 an sind die Zwischenstufen zwischen den hier beispielsweise aufgeführten Stufen zu beachten!

I. Rechtsanwaltsgebühren

Wert-stufe	Wert bis einschl. DM	$^{10}/_{10}$ DM	$^{5}/_{10}$ DM	$^{3}/_{10}$ DM	$^{2}/_{10}$ DM	Berufungs- und Revisionsinstanz $^{13}/_{10}$ DM	$^{13}/_{20}$ DM
			Zum Beispiel:				
1184	1001000	3633,80	1816,90	1090,20	726,80	4723,90	2362
1188	1005000	3644,30	1822,20	1093,30	728,90	4736,90	2368,50
1193	1010000	3656,30	1828,20	1096,90	731,30	4753,20	2376,60
1203	1020000	3681,30	1840,70	1104,40	736,30	4785,70	2392,90
1213	1030000	3706,30	1853,20	1111,90	741,30	4818,20	2409,10
1223	1040000	3731,30	1865,70	1119,40	746,30	4850,70	2425,40
1233	1050000	3756,30	1878,20	1126,90	751,30	4883,20	2441,60
1283	1100000	3881,30	1940,70	1164,40	776,30	5045,70	2522,90
1383	1200000	4131,30	2065,70	1239,40	826,30	5370,70	2685,40
1483	1300000	4381,30	2190,70	1314,40	876,30	5695,70	2847,90
1583	1400000	4631,30	2315,70	1389,40	926,30	6020,70	3010,40
1683	1500000	4881,30	2440,70	1464,40	976,30	6345,70	3172,90
2183	2000000	6131,30	3065,70	1839,40	1226,30	7970,70	3985,40
3183	3000000	8631,30	4315,70	2589,40	1726,30	11220,70	5610,40
4183	4000000	11131,30	5565,70	3339,40	2226,30	14470,70	7235,40
5183	5000000	13631,30	6815,70	4089,40	2726,30	17720,70	8860,40
			von hier ab steigend für je **1000 DM**				
		um 1	um 0,50	um 0,30	um 0,20	um 1,30	um 0,65
			dazu ein Zuschlag von 25%				
			oder von dem auf 1000 DM aufgerundeten Wert				
		0,1% + 5905	0,05% +2 952,50	0,03% +1 771,50	0,02% + 1 181	0,13% +7 676,50	0,065% +3 838,25
			dazu ein Zuschlag von 25%				
			Zum Beispiel:				
5184	5001000	13632,50	6816,30	4089,80	2726,50	17722,30	8861,20
5185	5002000	13633,80	6816,90	4090,20	2726,80	17723,90	8862
5186	5003000	13635	6817,50	4090,50	2727	17725,50	8862,80
5187	5004000	13636,30	6818,20	4090,90	2727,30	17727,20	8863,60
5188	5005000	13637,50	6818,80	4091,30	2727,50	17728,80	8864,40
5189	5006000	13638,80	6819,40	4091,70	2727,80	17730,40	8865,20
5190	5007000	13640	6820	4092	2728	17732	8866
			usw. steigend für je **1000 DM**				
		um 1	um 0,50	um 0,30	um 0,20	um 1,30	um 0,65
			dazu ein Zuschlag von 25%				
			oder von dem auf 1000 DM aufgerundeten Wert				
		0,1% +5 905	0,05% +2 952,50	0,03% +1 771,50	0,02% +1 181	0,13% +7 676,50	0,065% +3 838,25
			dazu ein Zuschlag von 25%				

Von Wertstufe 284 an sind die Zwischenstufen zwischen den hier **beispielsweise** aufgeführten Stufen zu beachten!

Bemerkungen zur vorstehenden Tabelle: Die §§ sind die der RAGebO.

Es sind zu berechnen:

$^{10}/_{10}$ Prozeßgebühr § 13[1]; Verhandlungsgebühr (streitig) § 13[2]; Vergleichsgebühr § 13[3]; Korrespondenzgebühr § 44; Antrag auf Zahlungsbefehl § 38; Antrag auf Vollstreckbarkeitserklärung eines Schiedsspruchs oder Vergleichs § 40a.

$^{5}/_{10}$ Prozeßgebühr gemäß § 43; Beweisgebühr § 13[4], § 45; Erledigung vor Beginn des Termins zur mündlichen Verhandlung ohne Einreichung eines Schriftsatzes § 14; Nichtstreitige Verhandlung § 16 (in den Fällen des § 21 GKG. und bei Versäumnisurteil auf Antrag des Berufungs- und Revisionsklägers aber $^{10}/_{10}$); Weitere Verhandlungsgebühr § 17; Sicherung des Beweises § 22, § 30; Anfertigung eines Schriftsatzes § 46; Abratung von Berufung oder Revision § 47[2]; Vertretung bei Verteilungsverfahren § 39; Verhandlungsgebühr gemäß § 42; Antrag auf Vollstreckungsbefehl § 38[3].

$^{3}/_{10}$ Zwangsvollstreckungsverfahren, Zulässigkeit einer Nebenintervention, Kostenfestsetzungsverfahren; Rückgabe einer Sicherheit nach § 109 Abs. 1, 2 ZPO; Prozeßleitung einschl. Terminsänderung und Vertagung; Armenrechtsverfahren; Zuständigkeitsfragen nach § 23 Ziff. 7; Richter- usw. Ablehnung; Zeugnisverweigerung; Kostenpflicht des Urkundsbeamten, Rechtsanwalts, Gerichtsvollziehers nach § 102 ZPO; Urkundenrückgabe nach § 135 das.; Urteilsberichtigung § 23; Offenbarungseid § 32; Aufgebotsverfahren (3—4mal $^{3}/_{10}$) § 40; Beschwerde § 41; Raterteilung § 47.

$^{2}/_{10}$ Anträge gemäß § 24 (Vollstreckungsklausel, Rückgabe einer Sicherheit nach § 715 ZPO); Erhebung des Widerspruchs § 38[2].

In der Berufungs- und Revisionsinstanz: Zuschlag von $^{3}/_{10}$ Gebühr.

Die volle Gebühr des § 9 beträgt von dem Wert des Streitgegenstandes

bis 20 DM einschl.	2 DM
mehr als 20 bis 60 DM	4 DM
mehr als 60 bis 100 DM	6 DM
mehr als 100 bis 150 DM	8 DM
mehr als 150 bis 200 DM	10 DM

von dem Mehrbetrage bis 500 DM	5%	dazu ein Zuschlag von 20% bei einem Streitwert von über 500 bis 1000 DM und von 25% bei höheren Streitwerten
von dem Mehrbetrage bis 1000 DM	4%	
von dem Mehrbetrage bis 3000 DM	3%	
von dem Mehrbetrage bis 6000 DM	2%	
von dem Mehrbetrage bis 10000 DM	1%	
von dem Mehrbetrage bis 100000 DM	$^{1}/_{2}$%	
von dem Mehrbetrage bis 1000000 DM	$^{1}/_{4}$%	
von dem Mehrbetrage bis 5000000 DM	$^{1}/_{5}$%	
von dem Mehrbetrage	$^{1}/_{10}$%	

Die Werte werden bis 20000 DM auf volle 100, von da ab auf volle 1000 DM aufgerundet.
Der Mindestbetrag einer Gebühr ist 2,— DM.
Pfennigbeträge werden auf volle 10 Pfennige aufgerundet (§ 8).

Auslagenpauschsätze werden neben den Gebühren nicht erhoben, aber alle Porto- und Fernsprechgebühren (auch Ortsgespräche) sind zu erstatten.

Schreibgebühren je 0,40 DM für die Seite, jedoch nur für Abschriften der Klage zur Urteilsausfertigung, für Abschriften, die auf besonderes Verlangen gefertigt werden, sowie für Schreibwerk außerhalb des Rahmens gebührenpflichtiger Tätigkeit (§ 76). Für Verpackung ist nichts zu berechnen (§ 77).

Bei Zurückverweisung an die Vorinstanz (§§ 538, 539, 565, 566a ZPO) gilt das Verfahren bei dieser für die Anwaltsgebühren, außer der Prozeßgebühr, als neue Instanz; bei Zurückweisung an das OLG gemäß § 566a ZPO auch für die Prozeßgebühr (§ 27 Abs. 1).

In bürgerlichen Rechtsstreitigkeiten werden die dem Rechtsanwalt gesetzlich zustehenden Gebühren auf Antrag des Rechtsanwalts oder des Zahlungspflichtigen vom Urkundsbeamten festgesetzt (§ 86a).

Gebührenvereinbarung in bürgerlichen Rechtsstreitigkeiten muß von der Partei schriftlich bestätigt werden (§ 93).

Der Umsatzsteuer (vgl. Tabelle VII) unterliegen neben den Gebühren der RA auch die Schreibgebühren, die Reisekosten und die Postgebühren, nicht Gelder, die der RA für eine Partei vorlegt, z. B. Gerichtskosten, Gerichtsvollziehergebühren. Der RA kann die Umsatzsteuer von den gesetzlichen Gebühren (nicht die von den vertragsmäßigen §§ 93, 94) seiner Partei in Rechnung stellen. Die Steuer ist von dem Gesamtentgelte in der betr. Sache zu berechnen.

Gebühren im Konkursverfahren und im Vergleichsverfahren zur Abwendung des Konkurses

(Vergleichsordnung vom 26. 2. 35 RGBl. I S. 321 u. 356)

a) Im Verfahren über den Antrag auf Konkurseröffnung (§ 54) . . . . . $^2/_{10}$
und für Vertretung eines Gläubigers dabei . . . . $^5/_{10}$

b) Vertretung im Konkursverfahren (§ 55) . . . . $^6/_{10}$
Wenn die Vertretung vor dem allgemeinen Prüfungstermin endet oder nach diesem beginnt . . . . $^4/_{10}$

c) Außerdem für die Tätigkeit
1. bei Prüfung der Forderungen . . . . $^{10}/_{10}$
2. in dem Zwangsvergleichsverfahren . . . . $^{10}/_{10}$
3. in dem Verteilungsverfahren (§ 56) . . . . $^{10}/_{10}$

d) Beschränkt sich die Tätigkeit auf die Anmeldung einer Konkursforderung (§ 57) . . . . $^2/_{10}$

e) Für die Tätigkeit im Vergleichsverfahren n. d. Vgl.O . . . . $^{10}/_{10}$

f) Wenn diese vor dem Vergleichstermin erledigt ist . . . . $^5/_{10}$
der Gebühr des § 9 RAGO.

Maßgebend zu e) und f) bei Schuldnervertretung Betrag der Aktiven, bei Gläubigervertretung die Forderung (§ 61a Ges. v. 7. 8. 52 BGBl. I S. 401).

Armenrechtsgebühren

Gültig ab 1. 8. 52 (Ges. v. 20. 12. 28, VO v. 6. 5. 41 [RGBl. I S. 411, 246], Ges. v. 7. 8. 52 [BGBl. I S. 401])

Wert bis einschl. DM	$^{10}/_{10}$ DM	$^{5}/_{10}$ DM	$^{3}/_{10}$ DM	$^{13}/_{10}$ DM	$^{13}/_{20}$ DM	$^{3}/_{10}$ von $^{13}/_{10}$ DM
20	2	2	2	2,60	2	2
60	3,90	2	2	5,10	2,60	2
100	5,80	2,90	2	7,60	3,90	2,30
150	7,70	3,90	2,40	10,10	5,10	3
200	9,60	4,80	2,90	12,50	6,30	3,90
300	14,40	7,20	4,40	18,80	9,40	5,70
600	19,20	9,60	5,80	25	12,50	7,60
800	24	12	7,20	31,20	15,60	9,40
1000	27	13,50	8,20	35,20	17,70	10,60
1500	36	18	10,80	46,80	23,40	14,10
2000	45	22,50	13,60	58,60	29,30	17,70
über 2000	54	27	16,20	70,20	35,20	21,20

In Ehesachen und sonstigen nicht vermögensrechtlichen Streitigkeiten beträgt die zu erstattende volle Gebühr stets 30 DM, die sich in der Rechtsmittelinstanz auf 39 DM erhöht. Bruchteilsgebühren sind von diesen festen Sätzen zu berechnen:

z. B. in 1. Instanz $^{5}/_{10}$ von 30 DM = 15,— DM
$^{3}/_{10}$ von 30 DM = 9,— DM

in der Rechtsmittelinstanz
$^{5}/_{10}$ von 39 DM = 19,60 DM
$^{3}/_{10}$ von 39 DM = 11,80 DM

Bei einstw. Anordnungen in Ehesachen bestimmen sich die Gebühren nach obiger Tabelle, der Höchstbetrag einer Gebühr ist 30 DM.

Ob Mindestgebühr von 2 DM und Abrundung auf 0,10 DM auch bei Armenrechtsgebühren ist streitig. Bejahende Ansicht herrscht vor; danach sind hier die Gebühren berechnet.

II. Strafsachen, Reisekosten, Hebegebühr

1. Rechtsanwaltsgebühren in Strafsachen (§§ 63 ff. RAGebO und Ges. v. 7. 8. 52 [BGBl. I S. 401]).

A. Der Wahlverteidiger und -vertreter kann beanspruchen:

Im Verfahren vor	Amtsrichter und Schöffengericht DM	Strafkammer DM	Bundesgerichtshof, Oberlandesgericht, Schwurgericht DM
	40—400	50—600	80—800
Wenn die Verhandlung mehrere Tage dauert für jeden weiteren Tag .	40—150	50—200	80—300
Wenn nur im Verfahren bis zu Beginn der Hauptverhandlung tätig . .	20—200	25—300	40—400

II. Strafsachen, Reisekosten, Hebegebühr

Einlegung eines Rechtsmittels, Anträge, Gesuche usw.	2—100 DM
Berufungsbegründung oder -beantwortung	20—200 DM
Revisionsbegründung oder -beantwortung	40—400 DM
Anfertigung eines Gnadengesuchs	20—200 DM
Anfertigung eines Wiederaufnahmeantrags: die gleiche Gebühr wie bei Verteidigung bis zum Beginn der Hauptverhandlung (§ 69)	
Anfertigung der Privatklage (ohne weitere Vertretung)	20—150 DM

Im übrigen bei Privatklagen die gleichen Sätze wie bei Verteidigung. Keine weitere Gebühr für Mitwirkung bei gütlicher Erledigung oder Vergleich (§ 70).

Bei Vertretung mehrerer Beschuldigter durch gemeinschaftlichen Verteidiger erhöhen sich sämtliche Mindest- und Höchstsätze um die Hälfte.

Bei Strafsachen von außergewöhnlichem Umfange können erhöhte Pauschalvergütungen bewilligt werden (§ 66).

Gebührenvereinbarung in Strafsachen wie bei bürgerlichen Rechtsstreitigkeiten (§ 93; s. oben).

Herabsetzung einer unangemessen hohen vereinbarten oder Rahmengebühr im Zivilprozeß (§ 93 Abs. 3).

B. Gebühren für den amtlich bestellten Verteidiger:

Der amtlich bestellte Verteidiger (und der dem Privat- oder Nebenkläger beigeordnete RA, § 70 Abs. 5) erhält aus der Staatskasse die Mindestsätze der Rahmengebühr des Wahlverteidigers. Sie erhöhen sich um die Hälfte, wenn er bereits vor Eröffnung des Hauptverfahrens tätig ist; ist er nur bis zu diesem Zeitpunkt tätig, so erhält er die Hälfte der Mindestsätze (§ 65). Erhöhung für weitere Verhandlungstage nicht (§ 65).

Auf Antrag des RA Festsetzung der Gebühren und Auslagen durch den Vorsitzenden des Gerichts 1. Instanz (§ 86b).

2. Reisekosten. Anwälte erhalten nach § 78 RAGebO Tage-, Übernachtungsgeld und Fahrkosten wie Bundesbeamte der Reisekostenstufe II. Das sind: Tagegeld: 12,— DM. Bei nicht mehr als vier Stunden 6,— DM. Die Abstufung wie für Beamte gilt für Anwälte nicht (Notare s. unten!), sondern primär § 78 RAGebO; so zutreffend OLG Celle (JW 35 S. 802). Übernachtungsgeld: 9,50 DM. Daneben Abwesenheitsgeld täglich 10,— DM, bei nicht mehr als vier Stunden 5,— DM. Zweite Eisenbahn-, erste Schiffsklasse. Für Autobenutzung, Zu- und Abgang Erstattung der baren Auslagen in angemessenen Grenzen. Bei eigenem Kraftwagen 0,19 DM, eigenem Kraftrad, Fahrrad und zu Fuß 0,10 DM je km. Die Kosten, die ein Anwalt aufwendet, um zu dem Gericht zu gelangen, an dem er zugelassen ist, so z. B. auch die Kosten eines Simultananwalts für die Fahrten zu seinem Landgericht, sind keine „Reisekosten" im Sinne des Vorstehenden; der Anwalt hat auf Erstattung dieser Auslagen oder gar auf Tage- und Abwesenheitsgelder keinen Anspruch, weder der eigenen Partei, noch als Armenanwalt der Justizkasse, noch dem unterlegenen Gegner gegenüber. Notare: Tagegeld: bis 6 Stunden nichts; 6—8 Stunden 3,60 DM; 8—12 Stunden 6,— DM; über 12 Stunden 12,— DM. Abwesenheitsgeld wie Anwälte, ist aber auf die Gebühr aus § 52 KostO anzurechnen. Übernachtungsgeld, Autobenutzung wie Rechtsanwälte.

3. Gebühren für Empfang, Verwahrung, Ablieferung von Geldern und Wertpapieren für Rechtsanwälte gemäß § 87 RAGebO Art. 13 Pr. RAGebO für Notare gemäß § 148 KostO. Mindestgebühr nach § 148 KostO 0,50 DM, keine Mindestgebühr nach § 87 RAGebO. Dazu Zuschläge wie bei den sonstigen RAGeb. siehe S. 15.

II. 3. Hebegebühr

Wert bis einschl. DM	Hebegebühr DM	Wert bis einschl. DM	Hebegebühr DM	Wert bis einschl. DM	Hebegebühr DM	Wert bis einschl. DM	Hebegebühr DM
10	0,10	360	3,60	710	8,60	1060	12,90
20	0,20	370	3,70	720	8,70	1070	13,—
30	0,30	380	3,80	730	8,80	1080	13,—
40	0,40	390	3,90	740	8,90	1090	13,20
50	0,50	400	4,—	750	9,—	1100	13,20
60	0,60	410	4,10	760	9,20	1110	13,30
70	0,70	420	4,20	770	9,30	1120	13,30
80	0,80	430	4,30	780	9,40	1130	13,40
90	0,90	440	4,40	790	9,50	1140	13,40
100	1,—	450	4,50	800	9,60	1150	13,50
110	1,10	460	4,60	810	9,80	1160	13,50
120	1,20	470	4,70	820	9,90	1170	13,70
130	1,30	480	4,80	830	10,—	1180	13,70
140	1,40	490	4,90	840	10,10	1190	13,80
150	1,50	500	5,—	850	10,20	1200	13,80
160	1,60	510	6,20	860	10,40	1210	13,90
170	1,70	520	6,30	870	10,50	1220	13,90
180	1,80	530	6,40	880	10,60	1230	14,—
190	1,90	540	6,50	890	10,70	1240	14,—
200	2,—	550	6,60	900	10,80	1250	14,20
210	2,10	560	6,80	910	11,—	1260	14,20
220	2,20	570	6,90	920	11,10	1270	14,30
230	2,30	580	7,—	930	11,20	1280	14,30
240	2,40	590	7,10	940	11,30	1290	14,40
250	2,50	600	7,20	950	11,40	1300	14,40
260	2,60	610	7,40	960	11,60	1310	14,50
270	2,70	620	7,50	970	11,70	1320	14,50
280	2,80	630	7,60	980	11,80	1330	14,70
290	2,90	640	7,70	990	11,90	1340	14,70
300	3,—	650	7,80	1000	12,—	1350	14,80
310	3,10	660	8,—	1010	12,70	1360	14,80
320	3,20	670	8,10	1020	12,70	1370	14,90
330	3,30	680	8,20	1030	12,80	1380	14,90
340	3,40	690	8,30	1040	12,80	1390	15,—
350	3,50	700	8,40	1050	12,90	1400	15,—

Bei Empfang, Verwahrung und Ablieferung von Wertpapieren sind obige Sätze nach Maßgabe des Wertes zu berechnen.

II. 3. Hebegebühr

Wert bis einschl. DM	Hebegebühr DM	Wert bis einschl. DM	Hebegebühr DM	Wert bis einschl. DM	Hebegebühr DM	Wert bis einschl. DM	Hebegebühr DM
1410	15,20	1760	17,30	2110	19,50	2460	21,70
1420	15,20	1770	17,40	2120	19,50	2470	21,80
1430	15,30	1780	17,40	2130	19,70	2480	21,80
1440	15,30	1790	17,50	2140	19,70	2490	21,90
1450	15,40	1800	17,50	2150	19,80	2500	21,90
1460	15,40	1810	17,70	2160	19,80	2510	22,—
1470	15,50	1820	17,70	2170	19,90	2520	22,—
1480	15,50	1830	17,80	2180	19,90	2530	22,20
1490	15,70	1840	17,80	2190	20,—	2540	22,20
1500	15,70	1850	17,90	2200	20,—	2550	22,30
1510	15,80	1860	17,90	2210	20,20	2560	22,30
1520	15,80	1870	18,—	2220	20,20	2570	22,40
1530	15,90	1880	18,—	2230	20,30	2580	22,40
1540	15,90	1890	18,20	2240	20,30	2590	22,50
1550	16,—	1900	18,20	2250	20,40	2600	22,50
1560	16,—	1910	18,30	2260	20,40	2610	22,70
1570	16,20	1920	18,30	2270	20,50	2620	22,70
1580	16,20	1930	18,40	2280	20,50	2630	22,80
1590	16,30	1940	18,40	2290	20,70	2640	22,80
1600	16,30	1950	18,50	2300	20,70	2650	22,90
1610	16,40	1960	18,50	2310	20,80	2660	22,90
1620	16,40	1970	18,70	2320	20,80	2670	23,—
1630	16,50	1980	18,70	2330	20,90	2680	23,—
1640	16,50	1990	18,80	2340	20,90	2690	23,20
1650	16,70	2000	18,80	2350	21,—	2700	23,20
1660	16,70	2010	18,90	2360	21,—	2710	23,30
1670	16,80	2020	18,90	2370	21,20	2720	23,30
1680	16,80	2030	19,—	2380	21,20	2730	23,40
1690	16,90	2040	19,—	2390	21,30	2740	23,40
1700	16,90	2050	19,20	2400	21,30	2750	23,50
1710	17,—	2060	19,20	2410	21,40	2760	23,50
1720	17,—	2070	19,30	2420	21,40	2770	23,70
1730	17,20	2080	19,30	2430	21,50	2780	23,70
1740	17,20	2090	19,40	2440	21,50	2790	23,80
1750	17,30	2100	19,40	2450	21,70	2800	23,80

Bei Empfang, Verwahrung und Ablieferung von Wertpapieren sind obige Sätze nach Maßgabe des Wertes zu berechnen.

II. 3. Hebegebühr

Wert bis einschl. DM	Hebegebühr DM	Wert bis einschl. DM	Hebegebühr DM	Wert bis einschl. DM	Hebegebühr DM	Wert bis einschl. DM	Hebegebühr DM
2810	23,90	3160	26,—	3510	28,30	3860	30,40
2820	23,90	3170	26,20	3520	28,30	3870	30,50
2830	24,—	3180	26,20	3530	28,40	3880	30,50
2840	24,—	3190	26,30	3540	28,40	3890	30,70
2850	24,20	3200	26,30	3550	28,50	3900	30,70
2860	24,20	3210	26,40	3560	28,50	3910	30,80
2870	24,30	3220	26,40	3570	28,70	3920	30,80
2880	24,30	3230	26,50	3580	28,70	3930	30,90
2890	24,40	3240	26,50	3590	28,80	3940	30,90
2900	24,40	3250	26,70	3600	28,80	3950	31,—
2910	24,50	3260	26,70	3610	28,90	3960	31,—
2920	24,50	3270	26,80	3620	28,90	3970	31,20
2930	24,70	3280	26,80	3630	29,—	3980	31,20
2940	24,70	3290	26,90	3640	29,—	usw.	
2950	24,80	3300	26,90	3650	29,20	bei Werten	
2960	24,80	3310	27,—	3660	29,20	bis 10000 DM	
2970	24,90	3320	27,—	3670	29,30	$6{,}25^0/_{00} + 6{,}25$ DM	
2980	24,90	3330	27,20	3680	29,30	(aufgerundet auf	
2990	25,—	3340	27,20	3690	29,40	0,10 DM)	
3000	25,—	3350	27,30	3700	29,40		
3010	25,20	3360	27,30	3710	29,50	Zum Beispiel:	
3020	25,20	3370	27,40	3720	29,50	5400	40,—
3030	25,30	3380	27,40	3730	29,70	5500	41,70
3040	25,30	3390	27,50	3740	29,70	6000	43,80
3050	25,40	3400	27,50	3750	29,80	7000	50,—
3060	25,40	3410	27,70	3760	29,80	8000	56,30
3070	25,50	3420	27,70	3770	29,90	9000	62,50
3080	25,50	3430	27,80	3780	29,90	10000	68,80
3090	25,70	3440	27,80	3790	30,—	bei Werten	
3100	25,70	3450	27,90	3800	30,—	über 10000 DM	
3110	25,80	3460	27,90	3810	30,20	$3{,}125^0/_{00} + 37{,}50$ DM	
3120	25,80	3470	28,—	3820	30,20	(aufgerundet auf)	
3130	25,90	3480	28,—	3830	30,30	0,10 DM)	
3140	25,90	3490	28,20	3840	30,30	Zum Beispiel:	
3150	26,—	3500	28,20	3850	30,40	10100	69,10

Bei Empfang, Verwahrung und Ablieferung von Wertpapieren sind obige Sätze nach Maßgabe des Wertes zu berechnen.

III. Gerichtskosten in der streitigen Gerichtsbarkeit

nach § 8 des Deutschen Gerichtskostengesetzes,
in der Fassung des Gesetzes vom 7. 8. 52 (BGBl. I S. 401)
Gültig ab 1. August 1952

Streitwert bis	Volle	Halbe	Viertel
	Gebühr		
DM	DM	DM	DM
20	2	2	2
60	2	2	2
100	3	2	2
200	6	3	2
300	9	4,50	2,30
400	12	6	3
500	15	7,50	3,80
600	21,60	10,80	5,40
700	25,20	12,60	6,40
800	28,80	14,40	7,20
900	32,40	16,20	8,20
1000	36	18	9
1100	40	20	10
1200	42,50	21,30	10,70
1300	45	22,50	11,30
1400	47,50	23,80	11,90
1500	50	25	12,50
1600	52,50	26,30	13,20
1700	55	27,50	13,80
1800	57,50	28,80	14,40
1900	60	30	15
2000	62,50	31,30	15,70
2100	63,80	31,90	16
2200	65	32,50	16,30
2300	66,30	33,20	16,70
2400	67,50	33,80	16,90
2500	68,80	34,40	17,30
2600	70	35	17,50
2700	71,30	35,70	17,90
2800	72,50	36,30	18,20
2900	73,80	36,90	18,50
3000	75	37,50	18,80
3100	76,30	38,20	19,20
3200	77,50	38,80	19,40
3300	78,80	39,40	19,80
3400	80	40	20
3500	81,30	40,70	20,40
3600	82,50	41,30	20,70
3700	83,80	41,90	21

Streitwert bis	Volle	Halbe	Viertel
	Gebühr		
DM	DM	DM	DM
3800	85	42,50	21,30
3900	86,30	43,20	21,70
4000	87,50	43,80	21,90
4100	88,80	44,40	22,30
4200	90	45	22,50
4300	91,30	45,70	22,90
4400	92,50	46,30	23,20
4500	93,80	46,90	23,50
4600	95	47,50	23,80
4700	96,30	48,20	24,20
4800	97,50	48,80	24,40
4900	98,80	49,40	24,80
5000	100	50	25
5100	101,30	50,70	25,40
5200	102,50	51,30	25,70
5300	103,80	51,90	26
5400	105	52,50	26,30
5500	106,30	53,20	26,70
5600	107,50	53,80	26,90
5700	108,80	54,40	27,30
5800	110	55	27,50
5900	111,30	55,70	27,90
6000	112,50	56,30	28,20
6100	113,80	56,90	28,50
6200	115	57,50	28,80
6300	116,30	58,20	29,20
6400	117,50	58,80	29,40
6500	118,80	59,40	29,80
6600	120	60	30
6700	121,30	60,70	30,40
6800	122,50	61,30	30,70
6900	123,80	61,90	31
7000	125	62,50	31,30
7100	126,30	63,20	31,70
7200	127,50	63,80	31,90
7300	128,80	64,40	32,30
7400	130	65	32,50
7500	131,30	65,70	32,90
7600	132,50	66,30	33,20

III. Gerichtskosten

III. Gerichtskosten für Prozeß

Streitwert bis DM	Volle Gebühr DM	Halbe Gebühr DM	Viertel Gebühr DM
7700	133,80	66,90	33,50
7800	135	67,50	33,80
7900	136,30	68,20	34,20
8000	137,50	68,80	34,40
8100	138,80	69,40	34,80
8200	140	70	35
8300	141,30	70,70	35,40
8400	142,50	71,30	35,70
8500	143,80	71,90	36
8600	145	72,50	36,30
8700	146,30	73,20	36,70
8800	147,50	73,80	36,90
8900	148,80	74,40	37,30
9000	150	75	37,50
9100	151,30	75,70	37,90
9200	152,50	76,30	38,20
9300	153,80	76,90	38,50
9400	155	77,50	38,80
9500	156,30	78,20	39,20
9600	157,50	78,80	39,40
9700	158,80	79,40	39,80
9800	160	80	40
9900	161,30	80,70	40,40
10000	162,50	81,30	40,70
10100	163,20	81,70	40,90
10200	163,80	81,90	41
10300	164,40	82,30	41,20
10400	165	82,50	41,30
10500	165,70	82,90	41,50
10600	166,30	83,20	41,70
10700	166,90	83,50	41,80
10800	167,50	83,80	41,90
10900	168,20	84,20	42,20
11000	168,80	84,40	42,30
11100	169,40	84,80	42,40
11200	170	85	42,50
11300	170,70	85,40	42,80
11400	171,30	85,70	42,90
11500	171,90	86	43
11600	172,50	86,30	43,20
11700	173,20	86,70	43,40
11800	173,80	86,90	43,50
11900	174,40	87,30	43,70
12000	175	87,50	43,80

Streitwert bis DM	Volle Gebühr DM	Halbe Gebühr DM	Viertel Gebühr DM
12100	175,70	87,90	44
12200	176,30	88,20	44,20
12300	176,90	88,50	44,30
12400	177,50	88,80	44,40
12500	178,20	89,20	44,70
12600	178,80	89,40	44,80
12700	179,40	89,80	44,90
12800	180	90	45
12900	180,70	90,40	45,30
13000	181,30	90,70	45,40
13100	181,90	91	45,50
13200	182,50	91,30	45,70
13300	183,20	91,70	45,90
13400	183,80	91,90	46
13500	184,40	92,30	46,20
13600	185	92,50	46,30
13700	185,70	92,90	46,50
13800	186,30	93,20	46,70
13900	186,90	93,50	46,80
14000	187,50	93,80	46,90
14100	188,20	94,20	47,20
14200	188,80	94,40	47,30
14300	189,40	94,80	47,40
14400	190	95	47,50
14500	190,70	95,40	47,80
14600	191,30	95,70	47,90
14700	191,90	96	48
14800	192,50	96,30	48,20
14900	193,20	96,70	48,40
15000	193,80	96,90	48,50
15100	194,40	97,30	48,70
15200	195	97,50	48,80
15300	195,70	97,90	49
15400	196,30	98,20	49,20
15500	196,90	98,50	49,30
15600	197,50	98,80	49,40
15700	198,20	99,20	49,70
15800	198,80	99,40	49,80
15900	199,40	99,80	49,90
16000	200	100	50
16100	200,70	100,40	50,30
16200	201,30	100,70	50,40
16300	201,90	101	50,50
16400	202,50	101,30	50,70
16500	203,20	101,70	50,90

III. Gerichtskosten

Streitwert bis DM	Volle Gebühr DM	Halbe Gebühr DM	Viertel Gebühr DM	Streitwert bis DM	Volle Gebühr DM	Halbe Gebühr DM	Viertel Gebühr DM
16600	203,80	101,90	51	31000	293,80	146,90	73,50
16700	204,40	102,30	51,20	32000	300	150	75
16800	205	102,50	51,30	33000	306,30	153,20	76,70
16900	205,70	102,90	51,50	34000	312,50	156,30	78,20
17000	206,30	103,20	51,70	35000	318,80	159,40	79,80
17100	206,90	103,50	51,80	36000	325	162,50	81,30
17200	207,50	103,80	51,90	37000	331,30	165,70	82,90
17300	208,20	104,20	52,20	38000	337,50	168,80	84,40
17400	208,80	104,40	52,30	39000	343,80	171,90	86
17500	209,40	104,80	52,40	40000	350	175	87,50
17600	210	105	52,50	41000	356,30	178,20	89,20
17700	210,70	105,40	52,80	42000	362,50	181,30	90,70
17800	211,30	105,70	52,90	43000	368,80	184,40	92,30
17900	211,90	106	53	44000	375	187,50	93,80
18000	212,50	106,30	53,20	45000	381,30	190,70	95,40
18100	213,20	106,70	53,40	46000	387,50	193,80	96,90
18200	213,80	106,90	53,50	47000	393,80	196,90	98,50
18300	214,40	107,30	53,70	48000	400	200	100
18400	215	107,50	53,80	49000	406,30	203,20	101,70
18500	215,70	107,90	54	50000	412,50	206,30	103,20
18600	216,30	108,20	54,20	51000	418,80	209,40	104,80
18700	216,90	108,50	54,30	52000	425	212,50	106,30
18800	217,50	108,80	54,40	53000	431,30	215,70	107,90
18900	218,20	109,20	54,70	54000	437,50	218,80	109,40
19000	218,80	109,40	54,80	55000	443,80	221,90	111
19100	219,40	109,80	54,90	56000	450	225	112,50
19200	220	110	55	57000	456,30	228,20	114,20
19300	220,70	110,40	55,20	58000	462,50	231,30	115,70
19400	221,30	110,70	55,40	59000	468,80	234,40	117,30
19500	221,90	111	55,50	60000	475	237,50	118,80
19600	222,50	111,30	55,70	61000	481,30	240,70	120,40
19700	223,20	111,70	55,90	62000	487,50	243,80	121,90
19800	223,80	111,90	56	63000	493,80	246,90	123,50
19900	224,40	112,30	56,20	64000	500	250	125
20000	225	112,50	56,30	65000	506,30	253,20	126,70
21000	231,30	115,70	57,90	66000	512,50	256,30	128,20
22000	237,50	118,80	59,40	67000	518,80	259,40	129,80
23000	243,80	121,90	61	68000	525	262,50	131,30
24000	250	125	62,50	69000	531,30	265,70	132,90
25000	256,30	128,20	64,20	70000	537,50	268,80	134,40
26000	262,50	131,30	65,70	71000	543,80	271,90	136
27000	268,80	134,40	67,30	72000	550	275	137,50
28000	275	137,50	68,80	73000	556,30	278,20	139,20
29000	281,30	140,70	70,40	74000	562,50	281,30	140,70
30000	287,50	143,80	71,90	75000	568,80	284,40	142,30

III. Gerichtskosten

Streitwert bis DM	Volle DM	Halbe Gebühr DM	Viertel DM
76000	575	287,50	143,80
77000	581,30	290,70	145,40
78000	587,50	293,80	146,90
79000	593,80	296,90	148,50
80000	600	300	150
81000	606,30	303,20	151,70
82000	612,50	306,30	153,20
83000	618,80	309,40	154,80
84000	625	312,50	156,30
85000	631,30	315,70	157,90
86000	637,50	318,80	159,40
87000	643,80	321,90	161
88000	650	325	162,50
89000	656,30	328,20	164,20
90000	662,50	331,30	165,70
91000	668,80	334,40	167,30
92000	675	337,50	168,80
93000	681,30	340,70	170,40
94000	687,50	343,80	171,90
95000	693,80	346,90	173,50
96000	700	350	175
97000	706,30	353,20	176,70
98000	712,50	356,30	178,20
99000	718,80	359,40	179,80
100000	725	362,50	181,30

steigend bei Werten
über 100000 DM für je 1000 DM

	Volle	Halbe	Viertel
	6,25‰ +100 DM	3,125‰ +50 DM	1,5625‰ +25 DM

aufzurunden auf volle 0,10 DM
Zum Beispiel:

153800	aufgerundet auf		
154000	154·6,25 = 962,50 + 100	154·3,125 = 481,25 + 50	154·1,5625 = 240,62 + 25
	1062,50	531,25	265,62
	aufgerundet auf	= 531,30	265,70

Bemerkungen zu vorstehender Tabelle und sonstige wichtige Bestimmungen des Deutschen Gerichtskostengesetzes

Die volle Gebühr des § 8 GKG beträgt:
bei Werten bis 60 DM . . . . 2 DM

Bei höheren Werten von dem auf 100 DM aufgerundeten Wert
bis zu 1000 DM einschl. 3%
vom Mehrbetrage bis zu 2000 DM einschl. 2%
vom Mehrbetrage bis zu 10000 DM einschl. 1%
vom Mehrbetrage . . . . ½%

Von 20000 DM an ist der Wert auf volle 1000 DM aufzurunden.

Mindestbetrag einer Gebühr 2 DM (ab 1. 8. 52 — BGBl. I S. 401).

Pfennigbeträge werden auf **volle 10 Pfennige** aufgerundet (§ 7).

Die **volle Gebühr** wird erhoben:

1. für das Verfahren im allgemeinen (Prozeßgebühr),
2. für die Anordnung einer Beweisaufnahme (Beweisgebühr),
3. für Urteil nach streitiger Verhandlung (Urteilsgebühr).

Die **halbe Gebühr** für das gesamte Mahnverfahren (§ 31), Arreste und einstw. Verfügung (§ 32), Beweissicherung, Entmündigung, Verteilungsverfahren, Zwangsvollstreckung gemäß §§ 887, 888, 890 ZPO, Offenbarungseid, Aufgebotsverfahren, Schiedsrichterernennung (§ 33). Bei Vergleich wird eine bereits entstandene Beweisgebühr nicht erhoben.

Eine Viertel Gebühr wird erhoben, wenn nach Terminbestimmung, aber vor mündlicher Verhandlung die Klage zurückgenommen wird (§ 29). Zwangsvollstreckungsanträge (§ 34). Vergleich über Gegenstand, der über den des Rechtsstreits hinausgeht (§ 36).

In der **Berufungsinstanz** erhöhen sich die Gebühren **um die Hälfte,** in der **Revisionsinstanz auf das Doppelte** (§ 28).

Gerichtsgebühren in Strafsachen und Privatklagen:

Bei Verurteilung zu einer **Freiheitsstrafe**	bis zu 2 Wochen	20 DM
von mehr als 2 Wochen	bis zu 1 Monat	40 DM
von mehr als 1 Monat	bis zu 3 Monaten	60 DM
von mehr als 3 Monaten	bis zu 6 Monaten	100 DM
von mehr als 6 Monaten	bis zu 1 Jahr	150 DM
von mehr als 1 Jahr	bis zu 2 Jahren	200 DM
von mehr als 2 Jahren	bis zu 5 Jahren	300 DM
von mehr als 5 Jahren		500 DM

Bei Verurteilung zu einer **Geldstrafe**	bis zu 50 DM	5 DM
von mehr als 50 DM	bis zu 100 DM	10 DM
von mehr als 100 DM		10% des Betrages der Strafe, höchstens 20000 DM

Die Gebühr darf den Betrag der Strafe nicht übersteigen. Bei amtsrichterlichem Strafbefehl die Hälfte der vorstehenden Sätze.

Straffreierklärung und Absehen von Strafe	5 DM
Maßregeln der Sicherung und Besserung	100 DM
Entziehung des Führerscheins	30 DM

Privatklagen

Bei Freisprechung	40 DM
Bei Klagezurücknahme vor der Hauptverhandlung	10 DM
Bei Klagezurücknahme nach der Hauptverhandlung	20 DM

IV. Gebühren in freiwilliger Gerichtsbarkeit und Zwangsversteigerung usw. für Gericht, Notare und Rechtsanwälte

Nach der (Reichs)kostenordnung (KostO) vom 25. 11. 35, RGBl. I S. 1371 und der Pr. RAGebO

Gültig ab 1. August 1952

Wert bis einschl. DM	$^{10}/_{10}$ DM	$^{20}/_{10}$ DM	$^{5}/_{10}$ DM	$^{1}/_{4}$ DM
50	2,—	4,—	2,—	2,—
100	3,—	6,—	2,—	2,—
200	4,—	8,—	2,—	2,—
300	5,—	10,—	2,50	2,—
500	6,—	12,—	3,—	2,—
1000	9,60	19,20	4,80	2,40
1500	12,50	25,—	6,30	3,20
2000	15,—	30,—	7,50	3,80
2500	17,50	35,—	8,80	4,40
3000	20,—	40,—	10,—	5,—
3500	22,50	45,—	11,30	5,70
4000	25,—	50,—	12,50	6,30
5000	27,50	55,—	13,80	6,90
6000	30,—	60,—	15,—	7,50
7000	32,50	65,—	16,30	8,20
8000	35,—	70,—	17,50	8,80
9000	37,50	75,—	18,80	9,40
10000	40,—	80,—	20,—	10,—
12000	45,—	90,—	22,50	11,30
14000	50,—	100,—	25,—	12,50
16000	55,—	110,—	27,50	13,80
18000	60,—	120,—	30,—	15,—
20000	65,—	130,—	32,50	16,30
22000	70,—	140,—	35,—	17,50
24000	75,—	150,—	37,50	18,80
26000	80,—	160,—	40,—	20,—
28000	85,—	170,—	42,50	21,30
30000	90,—	180,—	45,—	22,50
35000	100,—	200,—	50,—	25,—
40000	110,—	220,—	55,—	27,50
50000	125,—	250,—	62,50	31,30
60000	140,—	280,—	70,—	35,—
70000	155,—	310,—	77,50	38,80
80000	170,—	340,—	85,—	42,50
90000	185,—	370,—	92,50	46,30
100000	200,—	400,—	100,—	50,—
110000	215,—	430,—	107,50	53,80
120000	230,—	460,—	115,—	57,50
130000	245,—	490,—	122,50	61,30
140000	260,—	520,—	130,—	65,—
150000	275,—	550,—	137,50	68,80
160000	290,—	580,—	145,—	72,50
170000	305,—	610,—	152,50	76,30
180000	320,—	640,—	160,—	80,—
190000	335,—	670,—	167,50	83,80
200000	350,—	700,—	175,—	87,50
210000	365,—	730,—	182,50	91,30
220000	380,—	760,—	190,—	95,—
230000	395,—	790,—	197,50	98,80
240000	410,—	820,—	205,—	102,50
250000	425,—	850,—	212,50	106,30
260000	440,—	880,—	220,—	110,—
270000	455,—	910,—	227,50	113,80
280000	470,—	940,—	235,—	117,50
290000	485,—	970,—	242,50	121,30
300000	500,—	1000,—	250,—	125,—
310000	515,—	1030,—	257,50	128,80
320000	530,—	1060,—	265,—	132,50
330000	545,—	1090,—	272,50	136,30
340000	560,—	1120,—	280,—	140,—
350000	575,—	1150,—	287,50	143,80
360000	590,—	1180,—	295,—	147,50
370000	605,—	1210,—	302,50	151,30
380000	620,—	1240,—	310,—	155,—
390000	635,—	1270,—	317,50	158,80
400000	650,—	1300,—	325,—	162,50
410000	665,—	1330,—	332,50	166,30
420000	680,—	1360,—	340,—	170,—
430000	695,—	1390,—	347,50	173,80
440000	710,—	1420,—	355,—	177,50
450000	725,—	1450,—	362,50	181,30
460000	740,—	1480,—	370,—	185,—
470000	755,—	1510,—	377,50	188,80
480000	770,—	1540,—	385,—	192,50
490000	785,—	1570,—	392,50	196,30

IV. Notariatsgebühren

Wert bis einschl. DM	10/10 DM	20/10 DM	5/10 DM	1/4 DM	Wert bis einschl. DM	10/10 DM	20/10 DM	5/10 DM	1/4 DM
500000	800,—	1600,—	400,—	200,—	940000	1460,—	2920,—	730,—	365,—
510000	815,—	1630,—	407,50	203,80	950000	1475,—	2950,—	737,50	368,80
520000	830,—	1660,—	415,—	207,50	960000	1490,—	2980,—	745,—	372,50
530000	845,—	1690,—	422,50	211,30	970000	1505,—	3010,—	752,50	376,30
540000	860,—	1720,—	430,—	215,—	980000	1520,—	3040,—	760,—	380,—
550000	875,—	1750,—	437,50	218,80	990000	1535,—	3070,—	767,50	383,80
560000	890,—	1780,—	445,—	222,50	1000000	1550,—	3100,—	775,—	387,50
570000	905,—	1810,—	452,50	226,30	1010000	1565,—	3130,—	782,50	391,30
580000	920,—	1840,—	460,—	230,—	1020000	1580,—	3160,—	790,—	395,—
590000	935,—	1870,—	467,50	233,80	1030000	1595,—	3190,—	797,50	398,80
600000	950,—	1900,—	475,—	237,50	1040000	1610,—	3220,—	805,—	402,50
610000	965,—	1930,—	482,50	241,30	1050000	1625,—	3250,—	812,50	406,30
620000	980,—	1960,—	490,—	245,—	1060000	1640,—	3280,—	820,—	410,—
630000	995,—	1990,—	497,50	248,80	1070000	1655,—	3310,—	827,50	413,80
640000	1010,—	2020,—	505,—	252,50	1080000	1670,—	3340,—	835,—	417,50
650000	1025,—	2050,—	512,50	256,30	1090000	1685,—	3370,—	842,50	421,30
660000	1040,—	2080,—	520,—	260,—	1100000	1700,—	3400,—	850,—	425,—
670000	1055,—	2110,—	527,50	263,80	1110000	1715,—	3430,—	857,50	428,80
680000	1070,—	2140,—	535,—	267,50	1120000	1730,—	3460,—	865,—	432,50
690000	1085,—	2170,—	542,50	271,30	1130000	1745,—	3490,—	872,50	436,30
700000	1100,—	2200,—	550,—	275,—	1140000	1760,—	3520,—	880,—	440,—
710000	1115,—	2230,—	557,50	278,80	1150000	1775,—	3550,—	887,50	443,80
720000	1130,—	2260,—	565,—	282,50	1160000	1790,—	3580,—	895,—	447,50
730000	1145,—	2290,—	572,50	286,30	1170000	1805,—	3610,—	902,50	451,30
740000	1160,—	2320,—	580,—	290,—	1180000	1820,—	3640,—	910,—	455,—
750000	1175,—	2350,—	587,50	293,80	1190000	1835,—	3670,—	917,50	458,80
760000	1190,—	2380,—	595,—	297,50	1200000	1850,—	3700,—	925,—	462,50
770000	1205,—	2410,—	602,50	301,30	1210000	1865,—	3730,—	932,50	466,30
780000	1220,—	2440,—	610,—	305,—	1220000	1880,—	3760,—	940,—	470,—
790000	1235,—	2470,—	617,50	308,80	1230000	1895,—	3790,—	947,50	473,80
800000	1250,—	2500,—	625,—	312,50	1240000	1910,—	3820,—	955,—	477,50
810000	1265,—	2530,—	632,50	316,30	1250000	1925,—	3850,—	962,50	481,30
820000	1280,—	2560,—	640,—	320,—	1260000	1940,—	3880,—	970,—	485,—
830000	1295,—	2590,—	647,50	323,80	1270000	1955,—	3910,—	977,50	488,80
840000	1310,—	2620,—	655,—	327,50	1280000	1970,—	3940,—	985,—	492,50
850000	1325,—	2650,—	662,50	331,30	1290000	1985,—	3970,—	992,50	496,30
860000	1340,—	2680,—	670,—	335,—	1300000	2000,—	4000,—	1000,—	500,—
870000	1355,—	2710,—	677,50	339,80	1310000	2015,—	4030,—	1007,50	503,80
880000	1370,—	2740,—	685,—	342,50	1320000	2030,—	4060,—	1015,—	507,50
890000	1385,—	2770,—	692,50	346,30	1330000	2045,—	4090,—	1022,50	511,30
900000	1400,—	2800,—	700,—	350,—	1340000	2060,—	4120,—	1030,—	515,—
910000	1415,—	2830,—	707,50	353,80	1350000	2075,—	4150,—	1037,50	518,80
920000	1430,—	2860,—	715,—	357,50	1360000	2090,—	4180,—	1045,—	522,50
930000	1445,—	2890,—	722,50	361,30	1370000	2105,—	4210,—	1052,50	526,30

IV. Notariatsgebühren

Wert bis einschl. DM	$^{10}/_{10}$ DM	$^{20}/_{10}$ DM	$^{5}/_{10}$ DM	$^{1}/_{4}$ DM
1380000	2120,–	4240,–	1060,–	530,–
1390000	2135,–	4270,–	1067,50	533,80
1400000	2150,–	4300,–	1075,–	537,50
1410000	2165,–	4330,–	1082,50	541,30
1420000	2180,–	4360,–	1090,–	545,–
1430000	2195,–	4390,–	1097,50	548,80
1440000	2210,–	4420,–	1105,–	552,50
1450000	2225,–	4450,–	1112,50	556,30
1460000	2240,–	4480,–	1120,–	560,–
1470000	2255,–	4510,–	1127,50	563,80
1480000	2270,–	4540,–	1135,–	567,50
1490000	2285,–	4570,–	1142,50	571,30
1500000	2300,–	4600,–	1150,–	575,–
1510000	2315,–	4630,–	1157,50	578,80
1520000	2330,–	4660,–	1165,–	582,50
1530000	2345,–	4690,–	1172,50	586,30
1540000	2360,–	4720,–	1180,–	590,–
1550000	2375,–	4750,–	1187,50	593,80
1560000	2390,–	4780,–	1195,–	597,50
1570000	2405,–	4810,–	1202,50	601,30
1580000	2420,–	4840,–	1210,–	605,–
1590000	2435,–	4870,–	1217,50	608,80
1600000	2450,–	4900,–	1225,–	612,50
1610000	2465,–	4930,–	1232,50	616,30
1620000	2480,–	4960,–	1240,–	620,–
1630000	2495,–	4990,–	1247,50	623,80
1640000	2510,–	5020,–	1255,–	627,50
1650000	2525,–	5050,–	1262,50	631,30
1660000	2540,–	5080,–	1270,–	635,–
1670000	2555,–	5110,–	1277,50	638,80
1680000	2570,–	5140,–	1285,–	642,50
1690000	2585,–	5170,–	1292,50	646,30
1700000	2600,–	5200,–	1300,–	650,–
1710000	2615,–	5230,–	1307,50	653,80
1720000	2630,–	5260,–	1315,–	657,50
1730000	2645,–	5290,–	1322,50	661,30
1740000	2660,–	5320,–	1330,–	665,–
1750000	2675,–	5350,–	1337,50	668,80
1760000	2690,–	5380,–	1345,–	672,50
1770000	2705,–	5410,–	1352,50	676,30
1780000	2720,–	5440,–	1360,–	680,–
1790000	2735,–	5470,–	1367,50	683,80
1800000	2750,–	5500,–	1375,–	687,50

Wert bis einschl. DM	$^{10}/_{10}$ DM	$^{20}/_{10}$ DM	$^{5}/_{10}$ DM	$^{1}/_{4}$ DM
1810000	2765,–	5530,–	1382,50	691,30
1820000	2780,–	5560,–	1390,–	695,–
1830000	2795,–	5590,–	1397,50	698,80
1840000	2810,–	5620,–	1405,–	702,50
1850000	2825,–	5650,–	1412,50	706,30
1860000	2840,–	5680,–	1420,–	710,–
1870000	2855,–	5710,–	1427,50	713,80
1880000	2870,–	5740,–	1435,–	717,50
1890000	2885,–	5770,–	1442,50	721,30
1900000	2900,–	5800,–	1450,–	725,–
1910000	2915,–	5830,–	1457,50	728,80
1920000	2930,–	5860,–	1465,–	732,50
1930000	2945,–	5890,–	1472,50	736,30
1940000	2960,–	5920,–	1480,–	740,–
1950000	2975,–	5950,–	1487,50	743,80
1960000	2990,–	5980,–	1495,–	747,50
1970000	3005,–	6010,–	1502,50	751,30
1980000	3020,–	6040,–	1510,–	755,–
1990000	3035,–	6070,–	1517,50	758,80
2000000	3050,–	6100,–	1525,–	762,50
2010000	3065,–	6130,–	1532,50	766,30
2020000	3080,–	6160,–	1540,–	770,–
2030000	3095,–	6190,–	1547,50	773,80
2040000	3110,–	6220,–	1555,–	777,50
2050000	3125,–	6250,–	1562,50	781,30
2060000	3140,–	6280,–	1570,–	785,–
2070000	3155,–	6310,–	1577,50	788,80
2080000	3170,–	6340,–	1585,–	792,50
2090000	3185,–	6370,–	1592,50	796,30
2100000	3200,–	6400,–	1600,–	800,–
2110000	3215,–	6430,–	1607,50	803,80
2120000	3230,–	6460,–	1615,–	807,50
2130000	3245,–	6490,–	1622,50	811,30
2140000	3260,–	6520,–	1630,–	815,–
2150000	3275,–	6550,–	1637,50	818,80
2160000	3290,–	6580,–	1645,–	822,50
2170000	3305,–	6610,–	1652,50	826,30
2180000	3320,–	6640,–	1660,–	830,–
2190000	3335,–	6670,–	1667,50	833,80
2200000	3350,–	6700,–	1675,–	837,50
2210000	3365,–	6730,–	1682,50	841,30
2220000	3380,–	6760,–	1690,–	845,–
2230000	3395,–	6790,–	1697,50	848,80
2240000	3410,–	6820,–	1705,–	852,50

IV. Notariatsgebühren

Wert bis einschl. DM	$^{10}/_{10}$ DM	$^{20}/_{10}$ DM	$^{5}/_{10}$ DM	$^{1}/_{4}$ DM
2250000	3425,–	6850,–	1712,50	856,30
2260000	3440,–	6880,–	1720,–	860,–
2270000	3455,–	6910,–	1727,50	863,80
2280000	3470,–	6940,–	1735,–	867,50
2290000	3485,–	6970,–	1742,50	871,30
2300000	3500,–	7000,–	1750,–	875,–
2310000	3515,–	7030,–	1757,50	878,80
2320000	3530,–	7060,–	1765,–	882,50
2330000	3545,–	7090,–	1772,50	886,30
2340000	3560,–	7120,–	1780,–	890,–
2350000	3575,–	7150,–	1787,50	893,80
2360000	3590,–	7180,–	1795,–	897,50
2370000	3605,–	7210,–	1802,50	901,30
2380000	3620,–	7240,–	1810,–	905,–
2390000	3635,–	7270,–	1817,50	908,80

Wert bis einschl. DM	$^{10}/_{10}$ DM	$^{20}/_{10}$ DM	$^{5}/_{10}$ DM	$^{1}/_{4}$ DM
2400000	3650,–	7300,–	1825,–	912,50
usw. bis je 10000 DM steigend				
	um 15,–	um 30,–	um 7,50	um 3,75
aufzurunden auf volle 0,10 DM				
Zum Beispiel:				
2500000	3800,–	7600,–	1900,–	950,–
2600000	3950,–	7900,–	1975,–	987,50
2700000	4100,–	8200,–	2050,–	1025,–
2800000	4250,–	8500,–	2125,–	1062,50
2900000	4400,–	8800,–	2200,–	1100,–
3000000	4550,–	9100,–	2275,–	1137,50
3100000	4700,–	9400,–	2350,–	1175,–
		oder		
	0,15% +50	0,30% +100	0,075% +25	0,0375% +12,50

Ergänzende Bemerkungen zur vorstehenden Tabelle

(Die Zahlen sind die §§ der KostO)

1. Die Gebühren werden nach dem Geschäftswert berechnet, bei dem 1 Goldmark gleich 1 DM zu setzen ist. 17.
   Für Grundbesitz gilt regelmäßig der letzte Einheitswert; bei erheblichen späteren Veränderungen des Gegenstandes ist er nach freiem Ermessen zu ermitteln. 18.

2. Der Mindestbetrag einer Gebühr ist 2 DM. Die Gebühren sind auf 0,10 DM aufzurunden. 26[3].

3. Bei nicht vermögensrechtlichen Angelegenheiten ist der Wert mangels genügender Anhaltspunkte für eine Schätzung 3000 DM, ausnahmsweise höher oder niedriger, jedoch nicht über 1 Million, nicht unter 200 DM. 24.

4. Der Wert des Rechts auf wiederkehrende Leistungen wird wie folgt berechnet:
   a) bei immerwährender Dauer (auf unabsehbare Zeit) der 25fache Jahresbetrag;
   b) bei unbestimmter Dauer (wenn der künftige Wegfall gewiß, die Zeit des Wegfalls aber ungewiß ist, z. B. Änderung des Zinssatzes) der 12½fache Jahresbetrag;
   c) bei Dauer des Rechts für die Lebenszeit einer Person ist anzunehmen, wenn es beginnt:

im 1.–15. Lebensjahr	das 22fache
im 16.–25. Lebensjahr	das 21fache
im 26.–35. Lebensjahr	das 20fache
im 36.–45. Lebensjahr	das 18fache
im 46.–55. Lebensjahr	das 15fache
im 56.–65. Lebensjahr	das 11fache
im 66.–75. Lebensjahr	das 7½fache
im 76.–80. Lebensjahr	das 5fache
im Alter über 80 Jahre	das 3fache

   der einjährigen Leistung oder Nutzung.

Steht das Recht mehreren Personen zu, so ist das Lebensalter der ältesten maßgebend, wenn und soweit es beim Tode des zuerst Versterbenden erlischt; dagegen das Lebensalter der jüngeren, wenn und soweit es bis zum Tode des Letztlebenden fortbestehen soll.

Jedoch ist, wenn das Recht dem Ehegatten oder Verwandten bis zum 3. Grade und Verschwägerten bis zum 2. Grade des Verpflichteten zusteht, nur der 5fache Jahreswert der Gebührenberechnung zugrunde zu legen, 22^3, falls nicht der Jahresbetrag nach 22^2 niedriger ist, also bei Lebensalter über 80 Jahre der dreifache Jahresbetrag.

Der Wert einer Grunddienstbarkeit ist derjenige, den sie für das herrschende Grundstück hat. Ist der Nachteil für das dienende Grundstück höher, so gilt dieser, 20.

Wert der Vorrangseinräumung gleich dem des vortretenden, höchstens aber gleich dem des zurücktretenden Rechts, 21^3.

Der Unterhaltsanspruch eines unehelichen Kindes ist gleich dem einjährigen Betrage. Rückstände sind, falls sie Gegenstand des Geschäfts sind, mit ihrem Gesamtbetrag besonders in Ansatz zu bringen. Bei verschiedenen Jahresbeträgen gilt der höchste, 22^4. Ist zugleich die Vaterschaftsanerkennung beurkundet, so ist diese nach 24^2 besonders zu bewerten.

5. Für den Wert einer **Vermögens- oder Nachlaßmasse** werden die Verbindlichkeiten **nicht** abgezogen, 17^3.

6. **Gerichtskosten in Grundbuchsachen, Nachlaßsachen usw.**

I. $^{10}/_{10}$
1. Eintragung des Eigentümers, 54.
2. Eintragung von Belastungen, 56.
3. Erteilung eines Erbscheins, 99.
4. Bestätigung einer Annahme an Kindes Statt, 91.

II. $^{5}/_{10}$
1. Eintragung des Eigentums von Abkömmlingen, 54^2.
2. Eintragung von Veränderungen von Rechten an Grundstücken, Verfügungsbeschränkungen, Rangänderungen, Löschungsvormerkungen usw., 58^1.
3. Eintragung von Vormerkungen und Widersprüchen, 60 (s. Text!).
4. Löschungen, (die Hälfte der für die Eintragung bestimmten Gebühr), 62.
5. Eintragung von Pfandentlassungen, 62.
6. Eröffnung einer Verfügung von Todes wegen, 94.

III. $^{1}/_{4}$
1. Andere Eintragungen als die vorstehenden, 61.
2. Amtliche Testamentsverwahrung, 93.
3. Erteilung von Hypothekenbriefen usw., 65.
4. Rückgabe einer Verfügung von Todes wegen, 93.

Beglaubigte Grundbuchblattabschriften und Bescheinigungen über den Grundbuchinhalt, 2,40—24 DM, 67.

7. **Auseinandersetzung.**

I. **Gericht.**
a) $^{40}/_{10}$ für gerichtliche Vermittlung der A.
b) $^{20}/_{10}$ wenn das Verfahren ohne Bestätigung abgeschlossen ist.
c) $^{5}/_{10}$ wenn vor Eintritt in die Verhandlung erledigt.
d) $^{5}/_{10}$ wenn mit einem Dritten zum Zwecke der A. ein Vertrag abgeschlossen wird.
e) je $^{5}/_{10}$ wenn die Vermittlung der A. einem Notar übertragen wird, für das Verfahren und die Bestätigung.

II. **Notar.**
Die Gebühren entsprechend wie zu I., jedoch nur:
a) $^{35}/_{10}$ wenn ihm die Vermittlung der A. vom Gericht übertragen ist.
b) $^{30}/_{10}$ wenn in diesem Falle dem Gericht die Bestätigung zusteht.

Daneben zu I. und II. die Gebühr für Beurkundung des Vertrages, 147.

8. **Vereinbarungen über die Höhe der Notariatsgebühren sind unwirksam, 143.**

9. **Der Notar kann die Notariatsgebühren auf Grund einer von ihm mit Vollstreckungsklausel versehenen Ausfertigung der Kostenberechnung beitreiben, 155.**

V. Alphabetisches Verzeichnis für Notariatsgebühren usw. nach der (Reichs)kostenordnung vom 25. November 1935 und der Preuß. Gebührenordnung für Rechtsanwälte

Die Zahlen ohne Zusatz sind die §§ der KostO (RGBl. I S. 1371)

Die außerpreußischen Rechtsanwaltsgebühren in nicht streitigen Angelegenheiten, Zwangsversteigerung usw. regeln sich nach der Tabelle der (Reichs)RAGebO S. 5ff.

Es sind zu berechnen:

Für	V. d. Geb. nach § 26 KostO
Abänderungen, 36, wie für die abgeänderte Erklärung, höchstens	10/10
Abmarkungen, 44[2]	10/10
Abschriftsbeglaubigungen je Seite 0,24 DM, fremdsprachige 0,36 DM (aufzurunden auf 0,10 DM), mindestens 2 DM (ohne Zuschlag) (§ 26 Abs. 3; Dt. Not.-Ztschr. 1939 S. 592: OLG München v. 13. 4. 39; Dt. Not.-Ztschr. 1938 S. 316 u. 614), 49	
Abtretungen, 29	10/10
Abtretung von Geschäftsanteilen einer GmbH (§ 15 GmbH-Ges.), 29[2] (ist das Verpflichtungsgeschäft bereits beurkundet Gebühr 31 Abs. 1 Ziff. 6) . .	20/10
Anerkennung des Inhalts schriftlicher Erklärungen, wie die Gebühr für diese, 37	
Annahme eines Vertragsantrags, 31[2]	5/10
Anmeldung zum Handels- oder sonstigem Register, Wert höchstens 1 Mill. DM, mindestens 200 DM, 35, 31[4]	5/10
Anträge auf Eintragungen ins Grundbuch, 31[5]	5/10
Anträge bei Behörden, Art. 8 Pr. RAGebO	8/10
Anträge und Beschwerden durch Notar, 146	5/10
Auflassungsbeurkundungen, 31[6]	5/10
Aufhebung eines nicht erfüllten Vertrages, 31[3]	5/10
Aufsuchung von Urkunden **gebührenfrei**, 150[3]	
Auseinandersetzungsvermittlung s. S. 31.	
Außerhalb der Geschäftsräume, Amtshandlungen . . . . . Höchstgebühr 62,50 DM, aber nicht mehr als die Gebühr für das Geschäft selbst (Anrechnung des Abwesenheitsgeldes). 52, 153 bei mehreren Geschäften in einer Verhandlung nur einmal! Bei Vornahme mehrerer selbständiger Geschäfte für jedes Geschäft besonders, wenn auch in dem gleichen auswärtigen Termin erledigt (s. Text). Näheres S. 18.	5/10
Beglaubigung von Unterschriften und Handzeichen höchstens 250 DM, 39 . .	1/4
Bescheinigung über Tatsachen, 44	10/10
Eidesstattliche Versicherungen und Eidesabnahme, 43[1]	10/10
desgl. zur Erlangung eines Erbscheins usw., 43[2]	5/10
Einseitige Erklärungen, 29	10/10
Einsicht von Grundbuch, Akten usw., falls nicht bloßes Nebengeschäft, 150[2]	5/10
Eintragungsanträge für Grundbuch und Schiffsregister, 31	5/10
Entwurf einer Urkunde, wie für diese selbst, 145. S. auch RGBl. I, 1940, 882!	
Erbschaftsausschlagung, 31[2]	1/4
Erbverträge, 40[1]	20/10
Erbscheinsverhandlungen (eidesst. Versich.) 43[2]	5/10
Erfolglose Verhandlung, Höchstgebühr 31,30 DM, 51	5/10
Ergänzungen, 36, wie die ergänzte Erklärung, höchstens	10/10

V. Alphabetisches Verzeichnis für Notariatsgebühren usw.

Es sind zu berechnen:

Für	V. d. Geb. nach § 26 KostO
Fälle, für die eine besondere Gebühr nicht bestimmt ist, 150	5/10
Fremdsprachige Beurkundungen, Zusatzgebühr, die Hälfte der Gebühr für die Beurkundung der betr. Verhandlung, höchstens 62,50 DM, 53^1.	
Generalversammlungen, Aufsichtsratssitzungen usw. (Wert, soweit ein bestimmter Geldwert nicht erhellt, im Regelfalle 20000 DM, jedoch nicht unter 1000, nicht über 1 Million DM). Bek. v. 20. 11. 40 DJust. S. 1327 beachten. Höchstgebühr 6250 DM, 41	20/10
Grundbuchanträge, 31^5	5/10
Handelsregister, Anmeldungen 31 Ziff. 7 (früher 10/10)	5/10
Legalisation. Der Notar erhält keine Gebühr (§ 146 u. Dt. Not.-Ztschr. 1939 S. 276).	
Letztwillige Verfügung s. Testamente und Erbverträge.	
Löschungsbewilligungen (ohne gleichzeitige Quittung über die Forderung), 31^5	5/10
Mehrere Erklärungen in einer Urkunde s. § 38.	
Nicht vollzogene Geschäfte, Höchstbetrag 31,30 DM, 51	5/10
Notar-Zuziehung anstatt Zeugen	5/10
Bei Zuziehung ohne ausdrückliches Verlangen der Beteiligten nicht mehr als 2,40 DM für die Stunde, 151	
Pfandentlassungen, 31^5	5/10
Proteste (nach HGB und Binnenschiffahrtsgesetz), 44	10/10
Proteste über Wechsel und Schecks, 45^4	5/10
Protestzusatzgebühr für jede Notadresse, 45^4	1/4
Protestwegegebühr, 45^2, **2,40 DM**	
Raterteilungen, Art. 11 Pr. RAGebO	5/10
Schätzungsaufnahme, 44^4	10/10
Schätzungsaufnahme bei freiwilliger Versteigerung, 47^2	5/10
Schreiben an Privatpersonen, Art. 9 Pr. RAGebO	5/10
Sicherstellung der Zeit der Ausstellung einer Urkunde, **2,40—24 DM,** 50	
Siegelungen, bis zur Dauer von 2 Stunden	5/10
darüber hinaus für jede Stunde **3,60 DM,** 46	
Tatsachen-Bescheinigungen, 44	10/10
Teil-Hypothekenbriefe, 65	1/4
Termin — vereitelter, s. erfolglose Verhandlung.	
Terminswahrnehmung, Art. 10 Pr. RAGebO	10/10
für jeden weiteren Termin $^{8}/_{10}$, zusammen höchstens $^{30}/_{10}$.	
Testamente, 40	10/10
Testamentswiderruf ohne Neuerrichtung, 40^2 (s. Text)	5/10
Unterbleiben der Beurkundung nach Verhandlung, s. erfolglose Verhandlung.	
Unterschriftsbeglaubigungen, Höchstgebühr 250 DM, 39	1/4
Verklarungen, Mindestgebühr 12 DM, 44^5	10/10
Verlosungen, 46 } Wert wie bei Generalversammlungen, 42	20/10
Einzählung von Losen } Wert wie bei Generalversammlungen, 42	5/10
Vermögensverzeichnisse (s. Siegelungen), 46	5/10
Versteigerungstermin, 47^3	10/10
Versteigerungstermin, Vorbereitung, 47^1	5/10

V. Alphabetisches Verzeichnis für Notariatsgebühren usw.

Es sind zu berechnen:

Für	V. d. Geb. nach § 26 KostO
Versteigerung, Zuschlagsbeurkundung, 47[4]	10/10
Verträge, 29	20/10
Vertragsanträge, 30	15/10
Vertragsannahme, 31[2]	5/10
Vollmachten und deren Widerruf, 31[4]	5/10
Wert der allgemeinen Vollmacht nach freiem Ermessen, Höchstwert bei allen Vollmachten 1 Million DM, 34.	
Vollstreckungsklausel, Erteilung im Falle der §§ 726, 727 ZPO, 125	5/10
Vorrangseinräumungen ohne materiell-rechtlichen Zusatz (Dt. Not.-Ztschr. 34, S. 697), 31[5]	5/10
Wahlversammlungen, Wert wie bei Generalversammlungen, 42	20/10
Wechselproteste, 45[1]	5/10
Zusatzgebühr für jeden Weg **2,40 DM**	
Zusatzgebühr für jede Notadresse, 45[4]	1/4
Zeugenvernehmungen, 43[1]	10/10
Zustimmungen einzelner Teilnehmer, Wert gleich dem Anteil des Teilnehmers, 33, 31[1]	5/10
Zustimmungserklärung zur Ehelichkeitserklärung oder zur Annahme an Kindes Statt, 31[3]	1/4
Zuschlagsbeurkundungen, 47[4]	10/10
Zwangsversteigerung: a) Vertretung, b) Wahrnehmung des Versteigerungstermins, c) Verteilungsverfahren, Art. 4 Pr. RAGebO, je	10/10
Zwangsverwaltung, Vertretung des Antragstellers, Art. 5 Pr. RAGebO . . .	10/10
jährliche Gebühr, Art. 4 das.	
Zwangsversteigerung und Zwangsverwaltung, Gerichtskosten s. §§ 128ff. KostO	8/10

Alphabetisch geordnete Anmerkungen über Not.-Gebühren usw. s. Dtsche. Not.-Ztschr. 1931 S. 194ff.

VI. Einige wichtige Bestimmungen

1. **Amtsgerichte sind zuständig** bis **1000 DM** einschl. (§ 23 GVG).
   Zwangshypothek aber von **300 DM** an. (§ 866[3] ZPO).

2. a) **Berufungs-Mindestgrenze** (§ 511[a] ZPO) . . . . mehr als **50 DM**
   b) **Berufungs-Mindestgrenze** gegen Entscheidungen der Arbeitsgerichte (§§ 63, 64 ArbGerGes.) . . . . mehr als **300 DM**
   c) **Revisions-Mindestgrenze** (§ 546 ZPO) . . . . mehr als **6000 DM**
   d) **Beschwerde-Mindestgrenze** gegen Kostenentscheidungen (einschl. Beschlüsse nach § 91a und § 99 ZPO) (§ 567[2] ZPO) . . . . mehr als **50 DM**

3. **Vorläufig vollstreckbar** ohne Sicherheitsleistung gemäß § 709[4] ZPO; Urteile bis **500 DM** einschl., auch alle **Versäumnisurteile**. (§ 708 ZPO).

4. **Wertberechnung** a) Für die Gebührenberechnung ist der Wert bei Streitigkeiten über **gesetzliche Unterhaltspflicht** — außer den Rückständen — der beanspruchte **einjährige Unterhaltsbetrag** (§ 10 Abs. 2 GKG); bei Ansprüchen auf Geldrente aus §§ 843, 844 BGB, Eisenbahn-, Bergwerks-, Automobil- und Luftverkehrsschäden, wiederkehrende Leistungen aus Beamten- und Arbeitsverhältnis der **fünffache** Jahresbetrag (Abs. 3 das.); in **Ehesachen** der **dreimonatige** bzw. **halbjährige** Betrag (Abs. 4 das.); bei **Miet-** und **Pacht**streitigkeiten der Mietzins der streitigen Mietszeit, **höchstens** der **einjährige**; in **Räumungs-** und **Mieterschutzsachen** höchstens der **einjährige** Mietzins (Art. 7 d. Ges. v. 7. 8. 52 — BGBl. I S. 401).

   b) Bei **nicht vermögensrechtlichen** Streitigkeiten Wert in der Regel 2000 DM, ausnahmsweise höher oder niedriger, jedoch **nicht über 1 Million, nicht unter 500 DM,** abgesehen von Ehesachen (§ 11 Abs. 1 GKG).

5. Arbeits- und Dienstlohn, auch Beamtengehälter, **unpfändbar** gegen **nicht unterhaltspflichtigen Schuldner** bei täglicher Auszahlung 6,50 DM täglich, bei wöchentlicher Auszahlung 39 DM wöchentlich, bei monatlicher Auszahlung 169 DM monatlich, und soweit es diese Beträge übersteigt, zu $^3/_{10}$ des Mehrbetrages (§ 850^c ZPO).

   Bei unterhaltspflichtigem Schuldner erhöht sich der unpfändbare Teil des Mehrbetrages für die 1. Person um weitere $^2/_{10}$, mindestens um 39 DM monatlich (9,40 DM wöchentlich, 1,60 DM täglich), höchstens um 130 DM monatlich (31,20 DM wöchentlich, 5,20 DM täglich). Für jede weitere Person Erhöhung um $^1/_{10}$, mindestens um 19,50 DM monatlich (4,70 DM wöchentlich, 0,80 DM täglich), höchstens um 65 DM monatlich (15,60 DM wöchentlich, 2,60 DM täglich). Insgesamt dürfen $^9/_{10}$ des Mehrbetrages bis zu 130 DM und $^8/_{10}$ des weiteren Mehrbetrages nicht überschritten werden (§ 850^c Abs. 2 ZPO).

6. I. **Rechtsanwaltsgebühren.**

   a) Volle Gebühr bei Entscheidung nach Lage der Akten auch bei nicht streitiger Verhandlung seitens des Klägers (§ 16 RAGebO).

   b) Im **Güteverfahren** die volle Gebühr, und für Mitwirkung beim Vergleich **Vergleichsgebühr.** Im nachfolgenden „Rechtsstreit" Vollanrechnung auf die Prozeßgebühr (§ 38a das.).

   c) Für Antrag auf Vollstreckbarerklärung eines **Schiedsspruchs** volle Gebühr (§ 40a).

   II. **Gerichtskosten.**

   Bei Vergleich „in einem Rechtsstreit" $^1/_4$ Gebühr, insoweit der Wert des Vergleichsgegenstandes den Wert des Streitgegenstandes übersteigt (§ 36).

7. **Arbeitsgerichtssachen.** Gerichtsgebühren siehe Tabelle X; RAgebühren nach der RAGebO. Nach Art. 1 Abs. 7 des Gesetzes v. 7. 8. 52 — BGBl. I S. 401 — werden im Verfahren vor den Arbeitsgerichtsbehörden Zuschläge zu den Gebühren der Gerichte und RA nicht erhoben, wohl aber zu den RAgebühren nach dem AAnwkostengesetz, da nach Art. 2 Abs. 2 des Gesetzes v. 7. 8. 52 lediglich Art. 1 Abs. 4—6 (nicht auch 7) anzuwenden ist.

8. **Sozialgerichtsgesetz** v. 3. 9. 53 — BGBl. I S. 1239 in der Fassung des Gesetzes v. 10. 8. 54 — BGBl. I S. 239 —. Nach § 196^1 des Gesetzes betragen die Gebühren der RA in Verfahren

vor dem Sozialgericht	20—100 DM
vor dem Landessozialgericht	40—150 DM
vor dem Bundessozialgericht	80—250 DM.

   Die Höhe der Gebühren wird durch das Gericht festgesetzt (§ 196^4), höhere Beträge als die festgesetzt werden, dürfen weder vereinbart noch gezahlt werden (§ 196^5). Anrechnung einer Gebühr nach Landesgebührenrecht auf die obige Gebühr (§ 196^6). Die zu erstattenden Kosten werden auf Antrag durch UrkB festgesetzt, RA erhält keine Kfestsetzgebühr (§ 197).

Die Gebühren vor den Gerichten der Sozialgerichtsbarkeit setzt die Bundesregierung durch Rechtsverordnung mit Zustimmung des Bundesrates fest (§ 184). Diese Regelung steht noch aus.

9. **Bundesverwaltungsgerichtsgesetz** v. 23. 9. 52 — BGBl. I S. 625 —. Es gelten vorerst das Deutsche Gerichtskostengesetz (§ 73) und die Rechtsanwaltsgebührenordnung (§ 70). (Für die Verwaltungsgerichte der Länder gelten die landesrechtlichen Vorschriften, also für die Gebühren der RA die Landesgebührenordnungen weiter.)

10. **Wohnungseigentumsgesetz** v. 15. 3. 51 — BGBl. I S. 175 in der Fassung des Gesetzes v. 7. 8. 52 — BGBl. I S. 401 —. Es gelten für die Gebühren der RA die Vorschriften der RAGebO sinngemäß; im Beschwerdeverfahren erhält der RA die gleichen Gebühren wie im 1. Rechtszug (§ 49).

11. **Verschollenheitsgesetz** v. 15. 1. 51 — BGBl. I S. 63 —. Auf die RAkosten finden die für bürgerliche Rechtsstreitigkeiten geltenden Vorschriften der RAGebO entsprechende Anwendung; für die Vertretung eines Beteiligten in einem unter dieses Gesetz fallenden Verfahren erhält der RA die für die Vertretung im Aufgebotsverfahren bestimmten Gebühren (§ 52).

12. **Landwirtschaftssachen.** Gesetz v. 21. 7. 53 — BGBl. I S. 667 —. Für die Gebühren der RA gelten die für bürgerliche Rechtsstreitigkeiten geltenden Vorschriften der RAGebO sinngemäß; in Verfahren der in § 35^{1a} (Landpachtgesetz § 5^3 Satz 2, § 12^1) und § 36 (Verfahren auf Grund der Vorschriften über den Verkehr mit land- und forstwirtschaftlichen Grundstücken) bezeichneten Art mit der Maßgabe, daß die in § 13 RAGebO vorgesehenen Gebühren nur zu $^3/_{10}$ erwachsen (§ 48). Im Beschwerde- und Rechtsbeschwerdeverfahren entstehen die gleichen Gebühren wie im 1. Rechtszug. Die Gebühren bemessen sich nach dem für die Berechnung der Gerichtskosten maßgebenden Geschäftswert. Dieser wird nach den Vorschriften der KostO in Verbindung mit den §§ 34ff. des Gesetzes v. 21. 7. 53 festgesetzt.

13. **Vertragshilfegesetz** v. 26. 3. 52 — BGBl. I S. 198 —. Die Gebühren der RA bestimmen sich nach den Vorschriften der Landesgebührenordnungen, und soweit solche nicht ergangen sind, in sinngemäßer Anwendung der RAGebO.

14. **Hausratsregelungsverordnung** v. 21. 10. 44 — RGBl. I S. 256 —. Die RAGebO ist mit den für bürgerliche Rechtsstreitigkeiten geltenden Vorschriften sinngemäß anzuwenden, jedoch erwachsen die in § 13 RAGebO vorgesehenen Gebühren nur zur Hälfte. Im Beschwerdeverfahren entstehen die gleichen Gebühren wie im 1. Rechtszug.

15. **Gesetz** über die innerdeutsche **Rechts- und Amtshilfe** in **Strafsachen** vom 2. 5. 1953 — BGBl I S. 161 —. Kostenregelung in § 19, keine Gerichtskosten, für die Gebühren der RA gelten die §§ 63ff RAGebO entsprechend.

VII. Umsatzsteuertabellen

nach dem Umsatzsteuergesetz für die Deutsche Bundesrepublik in der Fassung des Gesetzes vom 28. 6. 1951 — BGBl I Nr. 102 — **auch für Notariatsgebühren!**

1 **4 Prozent** **276**

Für DM	Umsatzsteuer DM	Für DM	Umsatzsteuer DM	Für DM	Umsatzsteuer DM	Für DM	Umsatzsteuer DM	Für DM	Umsatzsteuer DM	Für DM	Umsatzsteuer DM
1	0,04	47	1,88	93	3,72	139	5,56	185	7,40	231	9,24
2	0,08	48	1,92	94	3,76	140	5,60	186	7,44	232	9,28
3	0,12	49	1,96	95	3,80	141	5,64	187	7,48	233	9,32
4	0,16	50	2,—	96	3,84	142	5,68	188	7,52	234	9,36
5	0,20	51	2,04	97	3,88	143	5,72	189	7,56	235	9,40
6	0,24	52	2,08	98	3,92	144	5,76	190	7,60	236	9,44
7	0,28	53	2,12	99	3,96	145	5,80	191	7,64	237	9,48
8	0,32	54	2,16	100	4,—	146	5,84	192	7,68	238	9,52
9	0,36	55	2,20	101	4,04	147	5,88	193	7,72	239	9,56
10	0,40	56	2,24	102	4,08	148	5,92	194	7,76	240	9,60
11	0,44	57	2,28	103	4,12	149	5,96	195	7,80	241	9,64
12	0,48	58	2,32	104	4,16	150	6,—	196	7,84	242	9,68
13	0,52	59	2,36	105	4,20	151	6,04	197	7,88	243	9,72
14	0,56	60	2,40	106	4,24	152	6,08	198	7,92	244	9,76
15	0,60	61	2,44	107	4,28	153	6,12	199	7,96	245	9,80
16	0,64	62	2,48	108	4,32	154	6,16	200	8,—	246	9,84
17	0,68	63	2,52	109	4,36	155	6,20	201	8,04	247	9,88
18	0,72	64	2,56	110	4,40	156	6,24	202	8,08	248	9,92
19	0,76	65	2,60	111	4,44	157	6,28	203	8,12	249	9,96
20	0,80	66	2,64	112	4,48	158	6,32	204	8,16	250	10,—
21	0,84	67	2,68	113	4,52	159	6,36	205	8,20	251	10,04
22	0,88	68	2,72	114	4,56	160	6,40	206	8,24	252	10,08
23	0,92	69	2,76	115	4,60	161	6,44	207	8,28	253	10,12
24	0,96	70	2,80	116	4,64	162	6,48	208	8,32	254	10,16
25	1,—	71	2,84	117	4,68	163	6,52	209	8,36	255	10,20
26	1,04	72	2,88	118	4,72	164	6,56	210	8,40	256	10,24
27	1,08	73	2,92	119	4,76	165	6,60	211	8,44	257	10,28
28	1,12	74	2,96	120	4,80	166	6,64	212	8,48	258	10,32
29	1,16	75	3,—	121	4,84	167	6,68	213	8,52	259	10,36
30	1,20	76	3,04	122	4,88	168	6,72	214	8,56	260	10,40
31	1,24	77	3,08	123	4,92	169	6,76	215	8,60	261	10,44
32	1,28	78	3,12	124	4,96	170	6,80	216	8,64	262	10,48
33	1,32	79	3,16	125	5,—	171	6,84	217	8,68	263	10,52
34	1,36	80	3,20	126	5,04	172	6,88	218	8,72	264	10,56
35	1,40	81	3,24	127	5,08	173	6,92	219	8,76	265	10,60
36	1,44	82	3,28	128	5,12	174	6,96	220	8,80	266	10,64
37	1,48	83	3,32	129	5,16	175	7,—	221	8,84	267	10,68
38	1,52	84	3,36	130	5,20	176	7,04	222	8,88	268	10,72
39	1,56	85	3,40	131	5,24	177	7,08	223	8,92	269	10,76
40	1,60	86	3,44	132	5,28	178	7,12	224	8,96	270	10,80
41	1,64	87	3,48	133	5,32	179	7,16	225	9,—	271	10,84
42	1,68	88	3,52	134	5,36	180	7,20	226	9,04	272	10,88
43	1,72	89	3,56	135	5,40	181	7,24	227	9,08	273	10,92
44	1,76	90	3,60	136	5,44	182	7,28	228	9,12	274	10,96
45	1,80	91	3,64	137	5,48	183	7,32	229	9,16	275	11,—
46	1,84	92	3,68	138	5,52	184	7,36	230	9,20	276	11,04

Für DM	Um-satz-steuer DM	Für DM	Um-satz steuer DM	Für DM	Um-satz-steuer DM	Für DM	Um-satz-steuer DM	Für DM	Um-satz-steuer DM	Für DM	Um-satz-steuer- DM
277	11,08	329	13,16	381	15,24	433	17,32	485	19,40	537	21,48
278	11,12	330	13,20	382	15,28	434	17,36	486	19,44	538	21,52
279	11,16	331	13,24	383	15,32	435	17,40	487	19,48	539	21,56
280	11,20	332	13,28	384	15,36	436	17,44	488	19,52	540	21,60
281	11,24	333	13,32	385	15,40	437	17,48	489	19,56	541	21,64
282	11,28	334	13,36	386	15,44	438	17,52	490	19,60	542	21,68
283	11,32	335	13,40	387	15,48	439	17,56	491	19,64	543	21,72
284	11,36	336	13,44	388	15,52	440	17,60	492	19,68	544	21,76
285	11,40	337	13,48	389	15,56	441	17,64	493	19,72	545	21,80
286	11,44	338	13,52	390	15,60	442	17,68	494	19,76	546	21,84
287	11,48	339	13,56	391	15,64	443	17,72	495	19,80	547	21,88
288	11,52	340	13,60	392	15,68	444	17,76	496	19,84	548	21,92
289	11,56	341	13,64	393	15,72	445	17,80	497	19,88	549	21,96
290	11,60	342	13,68	394	15,76	446	17,84	498	19,92	550	22,—
291	11,64	343	13,72	395	15,80	447	17,88	499	19,96	551	22,04
292	11,68	344	13,76	396	15,84	448	17,92	500	20,—	552	22,08
293	11,72	345	13,80	397	15,88	449	17,96	501	20,04	553	22,12
294	11,76	346	13,84	398	15,92	450	18,—	502	20,08	554	22,16
295	11,80	347	13,88	399	15,96	451	18,04	503	20,12	555	22,20
296	11,84	348	13,92	400	16,—	452	18,08	504	20,16	556	22,24
297	11,88	349	13,96	401	16,04	453	18,12	505	20,20	557	22,28
298	11,92	350	14,—	402	16,08	454	18,16	506	20,24	558	22,32
299	11,96	351	14,04	403	16,12	455	18,20	507	20,28	559	22,36
300	12,—	352	14,08	404	16,16	456	18,24	508	20,32	560	22,40
301	12,04	353	14,12	405	16,20	457	18,28	509	20,36	561	22,44
302	12,08	354	14,16	406	16,24	458	18,32	510	20,40	562	22,48
303	12,12	355	14,20	407	16,28	459	18,36	511	20,44	563	22,52
304	12,16	356	14,24	408	16,32	460	18,40	512	20,48	564	22,56
305	12,20	357	14,28	409	16,36	461	18,44	513	20,52	565	22,60
306	12,24	358	14,32	410	16,40	462	18,48	514	20,56	566	22,64
307	12,28	359	14,36	411	16,44	463	18,52	515	20,60	567	22,68
308	12,32	360	14,40	412	16,48	464	18,56	516	20,64	568	22,72
309	12,36	361	14,44	413	16,52	465	18,60	517	20,68	569	22,76
310	12,40	362	14,48	414	16,56	466	18,64	518	20,72	570	22,80
311	12,44	363	14,52	415	16,60	467	18,68	519	20,76	571	22,84
312	12,48	364	14,56	416	16,64	468	18,72	520	20,80	572	22,88
313	12,52	365	14,60	417	16,68	469	18,76	521	20,84	573	22,92
314	12,56	366	14,64	418	16,72	470	18,80	522	20,88	574	22,96
315	12,60	367	14,68	419	16,76	471	18,84	523	20,92	575	23,—
316	12,64	368	14,72	420	16,80	472	18,88	524	20,96	576	23,04
317	12,68	369	14,76	421	16,84	473	18,92	525	21,—	577	23,08
318	12,72	370	14,80	422	16,88	474	18,96	526	21,04	578	23,12
319	12,76	371	14,84	423	16,92	475	19,—	527	21,08	579	23,16
320	12,80	372	14,88	424	16,96	476	19,04	528	21,12	580	23,20
321	12,84	373	14,92	425	17,—	477	19,08	529	21,16	581	23,24
322	12,88	374	14,96	426	17,04	478	19,12	530	21,20	582	23,28
323	12,92	375	15,—	427	17,08	479	19,16	531	21,24	583	23,32
324	12,96	376	15,04	428	17,12	480	19,20	532	21,28	584	23,36
325	13,—	377	15,08	429	17,16	481	19,24	533	21,32	585	23,40
326	13,04	378	15,12	430	17,20	482	19,28	534	21,36	586	23,44
327	13,08	379	15,16	431	17,24	483	19,32	535	21,40	587	23,48
328	13,12	380	15,20	432	17,28	484	19,36	536	21,44	588	23,52

Für DM	Umsatzsteuer DM	Für DM	Umsatzsteuer DM	Für DM	Umsatzsteuer DM	Für DM	Umsatzsteuer DM	Für DM	Umsatz steuer DM	Für DM	Umsatzsteuer DM
589	23,56	641	25,64	693	27,72	745	29,80	797	31,88	849	33,96
590	23,60	642	25,68	694	27,76	746	29,84	798	31,92	850	34,—
591	23,64	643	25,72	695	27,80	747	29,88	799	31,96	851	34,04
592	23,68	644	25,76	696	27,84	748	29,92	800	32,—	852	34,08
593	23,72	645	25,80	697	27,88	749	29,96	801	32,04	853	34,12
594	23,76	646	25,84	698	27,92	750	30,—	802	32,08	854	34,16
595	23,80	647	25,88	699	27,96	751	30,04	803	32,12	855	34,20
596	23,84	648	25,92	700	28,—	752	30,08	804	32,16	856	34,24
597	23,88	649	25,96	701	28,04	753	30,12	805	32,20	857	34,28
598	23,92	650	26,—	702	28,08	754	30,16	806	32,24	858	34,32
599	23,96	651	26,04	703	28,12	755	30,20	807	32,28	859	34,36
600	24,—	652	26,08	704	28,16	756	30,24	808	32,32	860	34,40
601	24,04	653	26,12	705	28,20	757	30,28	809	32,36	861	34,44
602	24,08	654	26,16	706	28,24	758	30,32	810	32,40	862	34,48
603	24,12	655	26,20	707	28,28	759	30,36	811	32,44	863	34,52
604	24,16	656	26,24	708	28,32	760	30,40	812	32,48	864	34,56
605	24,20	657	26,28	709	28,36	761	30,44	813	32,52	865	34,60
606	24,24	658	26,32	710	28,40	762	30,48	814	32,56	866	34,64
607	24,28	659	26,36	711	28,44	763	30,52	815	32,60	867	34,68
608	24,32	660	26,40	712	28,48	764	30,56	816	32,64	868	34,72
609	24,36	661	26,44	713	28,52	765	30,60	817	32,68	869	34,76
610	24,40	662	26,48	714	28,56	766	30,64	818	32,72	870	34,80
611	24,44	663	26,52	715	28,60	767	30,68	819	32,76	871	34,84
612	24,48	664	26,56	716	28,64	768	30,72	820	32,80	872	34,88
613	24,52	665	26,60	717	28,68	769	30,76	821	32,84	873	34,92
614	24,56	666	26,64	718	28,72	770	30,80	822	32,88	874	34,96
615	24,60	667	26,68	719	28,76	771	30,84	823	32,92	875	35,—
616	24,64	668	26,72	720	28,80	772	30,88	824	32,96	876	35,04
617	24,68	669	26,76	721	28,84	773	30,92	825	33,—	877	35,08
618	24,72	670	26,80	722	28,88	774	30,96	826	33,04	878	35,12
619	24,76	671	26,84	723	28,92	775	31,—	827	33,08	879	35,16
620	24,80	672	26,88	724	28,96	776	31,04	828	33,12	880	35,20
621	24,84	673	26,92	725	29,—	777	31,08	829	33,16	881	35,24
622	24,88	674	26,96	726	29,04	778	31,12	830	33,20	882	35,28
623	24,92	675	27,—	727	29,08	779	31,16	831	33,24	883	35,32
624	24,96	676	27,04	728	29,12	780	31,20	832	33,28	884	35,36
625	25,—	677	27,08	729	29,16	781	31,24	833	33,32	885	35,40
626	25,04	678	27,12	730	29,20	782	31,28	834	33,36	886	35,44
627	25,08	679	27,16	731	29,24	783	31,32	835	33,40	887	35,48
628	25,12	680	27,20	732	29,28	784	31,36	836	33,44	888	35,52
629	25,16	681	27,24	733	29,32	785	31,40	837	33,48	889	35,56
630	25,20	682	27,28	734	29,36	786	31,44	838	33,52	890	35,60
631	25,24	683	27,32	735	29,40	787	31,48	839	33,56	891	35,64
632	25,28	684	27,36	736	29,44	788	31,52	840	33,60	892	35,68
633	25,32	685	27,40	737	29,48	789	31,56	841	33,64	893	35,72
634	25,36	686	27,44	738	29,52	790	31,60	842	33,68	894	35,76
635	25,40	687	27,48	739	29,56	791	31,64	843	33,72	895	35,80
636	25,44	688	27,52	740	29,60	792	31,68	844	33,76	896	35,84
637	25,48	689	27,56	741	29,64	793	31,72	845	33,80	897	35,88
638	25,52	690	27,60	742	29,68	794	31,76	846	33,84	898	35,92
639	25,56	691	27,64	743	29,72	795	31,80	847	33,88	899	35,96
640	25,60	692	27,68	744	29,76	796	31,84	848	33,92	900	36,—

Für DM	Umsatz steuer DM	Für DM	Umsatzsteuer DM	Für DM	Umsatzsteuer DM	Für DM	Umsatzsteuer DM	Für DM	Umsatzsteuer DM	Für DM	Umsatzsteuer DM
901	36,04	951	38,04	1001	40,04	1051	42,04	1101	44,04	1151	46,04
902	36,08	952	38,08	1002	40,08	1052	42,08	1102	44,08	1152	46,08
903	36,12	953	38,12	1003	40,12	1053	42,12	1103	44,12	1153	46,12
904	36,16	954	38,16	1004	40,16	1054	42,16	1104	44,16	1154	46,16
905	36,20	955	38,20	1005	40,20	1055	42,20	1105	44,20	1155	46,20
906	36,24	956	38,24	1006	40,24	1056	42,24	1106	44,24	1156	46,24
907	36,28	957	38,28	1007	40,28	1057	42,28	1107	44,28	1157	46,28
908	36,32	958	38,32	1008	40,32	1058	42,32	1108	44,32	1158	46,32
909	36,36	959	38,36	1009	40,36	1059	42,36	1109	44,36	1159	46,36
910	36,40	960	38,40	1010	40,40	1060	42,40	1110	44,40	1160	46,40
911	36,44	961	38,44	1011	40,44	1061	42,44	1111	44,44	1161	46,44
912	36,48	962	38,48	1012	40,48	1062	42,48	1112	44,48	1162	46,48
913	36,52	963	38,52	1013	40,52	1063	42,52	1113	44,52	1163	46,52
914	36,56	964	38,56	1014	40,56	1064	42,56	1114	44,56	1164	46,56
915	36,60	965	38,60	1015	40,60	1065	42,60	1115	44,60	1165	46,60
916	36,64	966	38,64	1016	40,64	1066	42,64	1116	44,64	1166	46,64
917	36,68	967	38,68	1017	40,68	1067	42,68	1117	44,68	1167	46,68
918	36,72	968	38,72	1018	40,72	1068	42,72	1118	44,72	1168	46,72
919	36,76	969	38,76	1019	40,76	1069	42,76	1119	44,76	1169	46,76
920	36,80	970	38,80	1020	40,80	1070	42,80	1120	44,80	1170	46,80
921	36,84	971	38,84	1021	40,84	1071	42,84	1121	44,84	1171	46,84
922	36,88	972	38,88	1022	40,88	1072	42,88	1122	44,88	1172	46,88
923	36,92	973	38,92	1023	40,92	1073	42,92	1123	44,92	1173	46,92
924	36,96	974	38,96	1024	40,96	1074	42,96	1124	44,96	1174	46,96
925	37,—	975	39,—	1025	41,—	1075	43,—	1125	45,—	1175	47,—
926	37,04	976	39,04	1026	41,04	1076	43,04	1126	45,04	1176	47,04
927	37,08	977	39,08	1027	41,08	1077	43,08	1127	45,08	1177	47,08
928	37,12	978	39,12	1028	41,12	1078	43,12	1128	45,12	1178	47,12
929	37,16	979	39,16	1029	41,16	1079	43,16	1129	45,16	1179	47,16
930	37,20	980	39,20	1030	41,20	1080	43,20	1130	45,20	1180	47,20
931	37,24	981	39,24	1031	41,24	1081	43,24	1131	45,24	1181	47,24
932	37,28	982	39,28	1032	41,28	1082	43,28	1132	45,28	1182	47,28
933	37,32	983	39,32	1033	41,32	1083	43,32	1133	45,32	1183	47,32
934	37,36	984	39,36	1034	41,36	1084	43,36	1134	45,36	1184	47,36
935	37,40	985	39,40	1035	41,40	1085	43,40	1135	45,40	1185	47,40
936	37,44	986	39,44	1036	41,44	1086	43,44	1136	45,44	1186	47,44
937	37,48	987	39,48	1037	41,48	1087	43,48	1137	45,48	1187	47,48
938	37,52	988	39,52	1038	41,52	1088	43,52	1138	45,52	1188	47,52
939	37,56	989	39,56	1039	41,56	1089	43,56	1139	45,56	1189	47,56
940	37,60	990	39,60	1040	41,60	1090	43,60	1140	45,60	1190	47,60
941	37,64	991	39,64	1041	41,64	1091	43,64	1141	45,64	1191	47,64
942	37,68	992	39,68	1042	41,68	1092	43,68	1142	45,68	1192	47,68
943	37,72	993	39,72	1043	41,72	1093	43,72	1143	45,72	1193	47,72
944	37,76	994	39,76	1044	41,76	1094	43,76	1144	45,76	1194	47,76
945	37,80	995	39,80	1045	41,80	1095	43,80	1145	45,80	1195	47,80
946	37,84	996	39,84	1046	41,84	1096	43,84	1146	45,84	1196	47,84
947	37,88	997	39,88	1047	41,88	1097	43,88	1147	45,88	1197	47,88
948	37,92	998	39,92	1048	41,92	1098	43,92	1148	45,92	1198	47,92
949	37,96	999	39,96	1049	41,96	1099	43,96	1149	45,96	1199	47,96
950	38,—	1000	40,—	1050	42,—	1100	44,—	1150	46,—	1200	48,—

Für die Pfennigbeträge sind bis zu 37 Pfg. = 1 Pfg., 62 Pfg. = 2 Pfg., 87 Pfg. = 3 Pfg. zu berechnen.

Die höheren Werte lassen sich sehr leicht durch Dezimal-Multiplikation errechnen. Sie sind nicht aufgeführt, um der Handlichkeit des Ganzen nicht Abbruch zu tun.

VIII. Gerichtsvollziehergebühren

Wert bis DM	Pfändungsgebühr $^{10}/_{10}$ § 3 DM	$^{5}/_{10}$ Pfänd.-Geb. (Erfolglose Pfänd., Einstellung) § 3 Abs. 4, § 6 Abs. 2 DM	Hebe- (Leistungs-) gebühr § 13 DM	Hebegebühr zuzügl. $^{1}/_{2}$ Pfändungsgebühr § 6 Abs. 2, § 13 DM	Versteigerungs- (Verwertungs-) gebühr § 7 DM	Mitwirkung gemäß § 825 ZPO, § 7 Abs. 5 DM	Wert bis DM	Pfändungsgebühr $^{10}/_{10}$ § 3 DM	$^{5}/_{10}$ Pfänd.-Geb. (Erfolglose Pfänd., Einstellung) § 3 Abs. 4, § 6 Abs. 2 DM	Hebe- (Leistungs-) gebühr § 13 DM	Hebegebühr zuzügl. $^{1}/_{2}$ Pfändungsgebühr § 6 Abs. 2, § 13 DM	Versteigerungs- (Verwertungs-) gebühr § 7 DM	Mitwirkung gemäß § 825 ZPO, § 7 Abs. 5 DM
20	1,—	1,—	0,50	1,50	1,—	2,—	450	5,50	2,80	1,40	4,20	14,—	4,50
30	1,—	1,—	0,50	1,50	1,50	2,—	460	5,60	2,80	1,40	4,20	14,20	4,60
40	1,—	1,—	0,50	1,50	2,—	2,—	470	5,70	2,90	1,50	4,30	14,40	4,70
50	1,—	1,—	0,50	1,50	2,50	2,—	480	5,80	2,90	1,50	4,40	14,60	4,80
60	1,20	1,—	0,50	1,50	3,—	2,—	490	5,90	3,—	1,50	4,50	14,80	4,90
70	1,40	1,—	0,50	1,50	3,50	2,—	500	6,—	3,—	1,50	4,50	15,—	5,—
80	1,60	1,—	0,50	1,50	4,—	2,—	510	7,40	3,80	2,—	5,80	18,30	6,20
90	1,80	1,—	0,50	1,50	4,50	2,—	520	7,40	3,80	2,—	5,80	18,50	6,30
100	2,—	1,—	0,50	1,50	5,—	2,—	530	7,50	3,80	2,—	5,80	18,80	6,40
110	2,10	1,10	0,60	1,60	5,30	2,—	540	7,50	3,80	2,—	5,80	19,—	6,50
120	2,20	1,10	0,60	1,70	5,60	2,—	550	7,60	3,90	2,10	6,—	19,20	6,60
130	2,30	1,20	0,60	1,80	5,90	2,—	560	7,60	3,90	2,10	6,—	19,50	6,80
140	2,40	1,20	0,60	1,80	6,20	2,—	570	7,70	3,90	2,10	6,—	19,70	6,90
150	2,50	1,30	0,70	1,90	6,50	2,—	580	7,70	3,90	2,10	6,—	20,—	7,—
160	2,60	1,30	0,70	2,—	6,80	2,—	590	7,80	4,—	2,20	6,20	20,20	7,10
170	2,70	1,40	0,70	2,10	7,10	2,—	600	7,80	4,—	2,20	6,20	20,40	7,20
180	2,80	1,40	0,70	2,10	7,40	2,—	610	8,—	4,—	2,20	6,20	20,70	7,40
190	2,90	1,50	0,80	2,20	7,70	2,—	620	8,—	4,—	2,20	6,20	20,90	7,50
200	3,—	1,50	0,80	2,30	8,—	2,—	630	8,10	4,10	2,30	6,40	21,20	7,60
210	3,10	1,60	0,80	2,40	8 30	2,10	640	8,10	4,10	2,30	6,40	21,40	7,70
220	3,20	1,60	0,80	2,40	8,60	2,20	650	8,20	4,10	2,30	6,40	21,60	7,80
230	3,30	1,70	0,90	2,50	8,90	2,30	660	8,20	4,10	2,30	6,40	21,90	8,—
240	3,40	1,70	0,90	2,60	9,20	2,40	670	8,30	4,20	2,40	6,60	22,10	8,10
250	3,50	1,80	0,90	2,70	9,50	2,50	680	8,30	4,20	2,40	6,60	22,40	8,20
260	3,60	1,80	0,90	2,70	9,80	2,60	690	8,40	4,20	2,40	6,60	22,60	8,30
270	3,70	1,90	1,—	2,80	10,10	2,70	700	8,40	4,20	2 40	6,60	22,80	8,40
280	3,80	1,90	1,—	2,90	10,40	2,80	710	8,60	4,40	2,60	7,—	23,10	8,60
290	3,90	2,—	1,—	3,—	10,70	2,90	720	8,60	4,40	2,60	7,—	23,30	8,70
300	4,—	2,—	1,—	3,—	11,—	3,—	730	8,70	4,40	2,60	7,—	23,60	8,80
310	4,10	2,10	1,10	3,10	11,20	3,10	740	8,70	4,40	2,60	7,—	23,80	8,90
320	4,20	2,10	1,10	3,20	11,40	3,20	750	8,80	4,50	2,70	7,20	24,—	9,—
330	4,30	2,20	1,10	3,30	11,60	3,30	760	8,80	4,50	2,70	7,20	24,30	9,20
340	4,40	2,20	1,10	3,30	11,80	3,40	770	8,90	4,50	2,70	7,20	24,50	9,30
350	4,50	2,30	1,20	3,40	12,—	3,50	780	8,90	4,50	2,70	7,20	24,80	9,40
360	4,60	2,30	1,20	3,50	12,20	3,60	790	9,—	4,60	2,80	7,40	25,—	9,50
370	4,70	2,40	1,20	3,60	12,40	3,70	800	9,—	4,60	2,80	7,40	25,20	9,60
380	4,80	2,40	1,20	3,60	12,60	3,80	810	9,20	4,60	2,80	7,40	25,50	9,80
390	4,90	2,50	1,30	3,70	12,80	3,90	820	9,20	4,60	2,80	7,40	25,70	9,90
400	5,—	2,50	1,30	3,80	13,—	4,—	830	9,30	4,70	2,90	7,60	26,—	10,—
410	5,10	2,60	1,30	3,90	13,20	4,10	840	9,30	4,70	2,90	7,60	26,20	10,10
420	5,20	2 60	1,30	4,—	13,40	4,20	850	9,40	4,70	2,90	7,60	26,40	10,20
430	5,30	2,70	1,40	4,—	13,60	4,30	860	9,40	4,70	2,90	7,60	26,70	10,40
440	5,40	2,70	1,40	4,10	13,80	4,40	870	9,50	4,80	3,—	7,80	26,90	10,50

VIII. Gerichtsvollziehergebühren

Wert bis DM	Pfändungsgebühr $^{10}/_{10}$ § 3 DM	$^{5}/_{10}$ Pfänd.-Geb. (Erfolglose Pfänd., Einstellung) § 3 Abs. 4, § 6 Abs. 2 DM	Hebe- (Leistungs-) gebühr § 13 DM	Hebegebühr zuzügl. $^{1}/_{2}$ Pfändungsgebühr § 6 Abs. 2, § 13 DM	Versteigerungs- (Verwertungs-) gebühr § 7 DM	Mitwirkung gemäß § 825 ZPO, § 7 Abs. 5 DM	Wert bis DM	Pfändungsgebühr $^{10}/_{10}$ § 3 DM	$^{5}/_{10}$ Pfänd.-Geb. (Erfolglose Pfänd., Einstellung) § 3 Abs. 4, § 6 Abs. 2 DM	Hebe- (Leistungs-) gebühr § 13 DM	Hebegebühr zuzügl. $^{1}/_{2}$ Pfändungsgebühr § 6 Abs. 2, § 13 DM	Versteigerungs- (Verwertungs-) gebühr § 7 DM	Mitwirkung gemäß § 825 ZPO, § 7 Abs. 5 DM
880	9,50	4,80	3,—	7,80	27,20	10,60	1320	12,70	6,40	4,50	10,90	35,30	16,50
890	9,60	4,80	3,—	7,80	27,40	10,70	1330	12,80	6,40	4,50	10,90	35,40	16,70
900	9,60	4,80	3,—	7,80	27,60	10,80	1340	12,80	6,40	4,50	10,90	35,50	16,80
910	9,80	5,—	3,20	8,20	27,90	11,—	1350	12,90	6,50	4,70	11,20	35,70	16,90
920	9,80	5,—	3,20	8,20	28,10	11,10	1360	12,90	6,50	4,70	11,20	35,80	17,—
930	9,90	5,—	3,20	8,20	28,40	11,20	1370	13,—	6,50	4,70	11,20	35,90	17,20
940	9,90	5,—	3,20	8,20	28,60	11,30	1380	13,—	6,50	4,70	11,20	36,—	17,30
950	10,—	5,10	3,30	8,40	28,80	11,40	1390	13,20	6,70	4,80	11,50	36,20	17,40
960	10,—	5,10	3,30	8,40	29,10	11,60	1400	13,20	6,70	4,80	11,50	36,30	17,50
970	10,10	5,10	3,30	8,40	29,30	11,70	1410	13,30	6,70	4,80	11,50	36,40	17,70
980	10,10	5,10	3,30	8,40	29,60	11,80	1420	13,30	6,70	4,80	11,50	36,50	17,80
990	10,20	5,20	3,40	8,60	29,80	11,90	1430	13,40	6,80	4,90	11,70	36,70	17,90
1000	10,20	5,20	3,40	8,60	30,—	12,—	1440	13,40	6,80	4,90	11,70	36,80	18,—
1010	10,80	5,40	3,50	8,90	31,40	12,70	1450	13,50	6,80	4,90	11,70	36,90	18,20
1020	10,80	5,40	3,50	8,90	31,50	12,80	1460	13,50	6,80	4,90	11,70	37,—	18,30
1030	10,90	5,50	3,70	9,20	31,70	12,90	1470	13,70	6,90	5,—	11,90	37,20	18,40
1040	10,90	5,50	3,70	9,20	31,80	13,—	1480	13,70	6,90	5,—	11,90	37,30	18,50
1050	11,—	5,50	3,70	9,20	31,90	13,20	1490	13,80	6,90	5,—	11,90	37,40	18,70
1060	11,—	5,50	3,70	9,20	32,—	13,30	1500	13,80	6,90	5,—	11,90	37,50	18,80
1070	11,20	5,70	3,80	9,50	32,20	13,40	1510	13,90	7,—	5,20	12,20	37,70	18,90
1080	11,20	5,70	3,80	9,50	32,30	13,50	1520	13,90	7,—	5,20	12,20	37,80	19,—
1090	11,30	5,70	3,80	9,50	32,40	13,70	1530	14,—	7,—	5,20	12,20	37,90	19,20
1100	11,30	5,70	3,80	9,50	32,50	13,80	1540	14,—	7,—	5,20	12,20	38,—	19,30
1110	11,40	5,80	3,90	9,70	32,70	13,90	1550	14,20	7,20	5,30	12,50	38,20	19,40
1120	11,40	5,80	3,90	9,70	32,80	14,—	1560	14,20	7,20	5,30	12,50	38,30	19,50
1130	11,50	5,80	3,90	9,70	32,90	14,20	1570	14,30	7,20	5,30	12,50	38,40	19,70
1140	11,50	5,80	3,90	9,70	33,—	14,30	1580	14,30	7,20	5,30	12,50	38,50	19,80
1150	11,70	5,90	4,—	9,90	33,20	14,40	1590	14,40	7,30	5,40	12,70	38,70	19,90
1160	11,70	5,90	4,—	9,90	33,30	14,50	1600	14,40	7,30	5,40	12,70	38,80	20,—
1170	11,80	5,90	4,—	9,90	33,40	14,70	1610	14,50	7,30	5,40	12,70	38,90	
1180	11,80	5,90	4,—	9,90	33,50	14,80	1620	14,50	7,30	5,40	12,70	39,—	Höchst-
1190	11,90	6,—	4,20	10,20	33,70	14,90	1630	14,70	7,40	5,50	12,90	39,20	Gebühr
1200	11,90	6,—	4,20	10,20	33,80	15,—	1640	14,70	7,40	5,50	12,90	39,30	
1210	12,—	6,—	4,20	10,20	33,90	15,20	1650	14,80	7,40	5,50	12,90	39,40	
1220	12,—	6,—	4,20	10,20	34,—	15,30	1660	14,80	7,40	5,50	12,90	39,50	
1230	12,20	6,20	4,30	10,50	34,20	15,40	1670	14,90	7,50	5,70	13,20	39,70	
1240	12,20	6,20	4,30	10,50	34,30	15,50	1680	14,90	7,50	5,70	13,20	39,80	
1250	12,30	6,20	4,30	10,50	34,40	15,70	1690	15,—	7,50	5,70	13,20	39,90	
1260	12,30	6,20	4,30	10,50	34,50	15,80	1700	15,—	7,50	5,70	13,20	40,—	
1270	12,40	6,30	4,40	10,70	34,70	15,90	1710	15,20	7,70	5,80	13,50	40,20	
1280	12,40	6,30	4,40	10,70	34,80	16,—	1720	15,20	7,70	5,80	13,50	40,30	
1290	12,50	6,30	4,40	10,70	34,90	16,20	1730	15,30	7,70	5,80	13,50	40,40	
1300	12,50	6,30	4,40	10,70	35,—	16,30	1740	15,30	7,70	5,80	13,50	40,50	
1310	12,70	6,40	4,50	10,90	35,20	16,40	1750	15,40	7,80	5,90	13,70	40,70	

VIII. Gerichtsvollziehergebühren

Wert bis DM	Pfändungsgebühr 10/10 § 3 DM	5/10 Pfänd.-Geb. (Erfolglose Pfänd., Einstellung) § 3 Abs. 4, § 6 Abs. 2 DM	Hebe- (Leistungs-) gebühr § 13 DM	Hebegebühr zuzügl. 1/2 Pfändungsgebühr § 6 Abs. 2, § 13 DM	Versteigerungs- (Verwertungs-) gebühr § 7 DM	Mitwirkung gemäß § 825 ZPO, § 7 Abs. 5 DM
1760	15,40	7,80	5,90	13,70	40,80	
1770	15,50	7,80	5,90	13,70	40,90	
1780	15,50	7,80	5,90	13,70	41,–	
1790	15,70	7,90	6,–	13,90	41,20	
1800	15,70	7,90	6,–	13,90	41,30	
1810	15,80	7,90	6,–	13,90	41,40	
1820	15,80	7,90	6,–	13,90	41,50	
1830	15,90	8,–	6,20	14,20	41,70	
1840	15,90	8,–	6,20	14,20	41,80	
1850	16,–	8,–	6,20	14,20	41,90	
1860	16,–	8,–	6,20	14,20	42,–	
1870	16,20	8,20	6,30	14,50	42,20	
1880	16,20	8,20	6,30	14,50	42,30	
1890	16,30	8,20	6,30	14,50	42,40	
1900	16,30	8,20	6,30	14,50	42,50	
1910	16,40	8,30	6,40	14,70	42,70	

Wert bis DM	Pfändungsgebühr 10/10 § 3 DM	5/10 Pfänd.-Geb. (Erfolglose Pfänd., Einstellung) § 3 Abs. 4, § 6 Abs. 2 DM	Hebe- (Leistungs-) gebühr § 13 DM	Hebegebühr zuzügl. 1/2 Pfändungsgebühr § 6 Abs. 2, § 13 DM	Versteigerungs- (Verwertungs-) gebühr § 7 DM	Mitwirkung gemäß § 825 ZPO, § 7 Abs. 5 DM
1920	16,40	8,30	6,40	14,70	42,80	
1930	16,50	8,30	6,40	14,70	42,90	
1940	16,50	8,30	6,40	14,70	43,–	
1950	16,70	8,40	6,50	14,90	43,20	
1960	16,70	8,40	6,50	14,90	43,30	
1970	16,80	8,40	6,50	14,90	43,40	
1980	16,80	8,40	6,50	14,90	43,50	
1990	16,90	8,50	6,70	15,20	43,70	
2000	16,90	8,50	6,70	15,20	43,80	
Bei Werten über 5000 DM sind zu berechnen:	‰	‰	‰	‰	‰	
	6,25	3,125	3,125	6,25	6,25	
	+4,38	+2,19	+0,31	+2,50	+ 50	

IX. Gebühren nach der Justizbeitreibungsordnung

gültig ab 1. 4. 1953

Wert bis	Mahngebühr § 12	Pfändungsgebühr		Verwertungsgebühr		Wert bis	Mahngebühr § 12	Pfändungsgebühr		Verwertungsgebühr	
		voll § 13 Abs. 1	halb § 13 Abs. 2	voll § 14 Abs. 1	halb § 14 Abs. 2			voll § 13 Abs. 1	halb § 13 Abs. 2	voll § 14 Abs. 1	halb § 14 Abs. 2
DM	DM	DM	DM	DM	DM	DM	DM	DM	DM	DM	DM
10	0,50	1,—	0,50	1,—	0,50	460	3,40	5,10	2,60	6,80	3,40
20	0,50	1,—	0,50	1,—	0,50	470	3,45	5,15	2,60	6,90	3,45
30	0,50	1,—	0,50	1,—	0,50	480	3,50	5,25	2,65	7,—	3,50
40	0,50	1,—	0,50	1,—	0,50	490	3,55	5,30	2,70	7,10	3,55
50	0,50	1,—	0,50	1,20	0,60	500	3,60	5,40	2,75	7,20	3,60
60	0,80	1,10	0,55	1,50	0,80	510	3,75	5,55	2,75	7,40	3,75
70	0,90	1,35	0,60	1,70	0,90	520	3,80	5,65	2,80	7,50	3,80
80	1,—	1,50	0,80	2,—	1,—	530	3,85	5,70	2,85	7,60	3,85
90	1,10	1,65	0,85	2,20	1,10	540	3,90	5,80	2,90	7,70	3,90
100	1,20	1,80	0,95	2,40	1,20	550	3,95	5,85	2,90	7,80	3,95
110	1,35	1,95	0,95	2,60	1,35	560	4,—	5,95	2,95	8,—	4,—
120	1,40	2,05	1,—	2,70	1,40	570	4,05	6,—	3,—	8,10	4,05
130	1,45	2,10	1,05	2,80	1,45	580	4,10	6,20	3,15	8,20	4,10
140	1,50	2,20	1,10	2,90	1,50	590	4,15	6,25	3,15	8,30	4,15
150	1,55	2,25	1,10	3,—	1,55	600	4,20	6,30	3,20	8,40	4,20
160	1,60	2,35	1,15	3,20	1,60	610	4,35	6,40	3,25	8,60	4,35
170	1,65	2,40	1,20	3,30	1,65	620	4,40	6,50	3,30	8,70	4,40
180	1,70	2,60	1,35	3,40	1,70	630	4,45	6,55	3,30	8,80	4,45
190	1,75	2,65	1,35	3,50	1,75	640	4,50	6,75	3,35	8,90	4,50
200	1,80	2,75	1,40	3,60	1,80	650	4,55	6,80	3,40	9,—	4,55
210	1,95	2,80	1,45	3,80	1,95	660	4,60	6,90	3,45	9,20	4,60
220	2,—	2,90	1,50	3,90	2,—	670	4,65	6,95	3,45	9,30	4,65
230	2,05	2,95	1,50	4,—	2,05	680	4,70	7,05	3,50	9,40	4,70
240	2,10	3,15	1,55	4,10	2,10	690	4,75	7,10	3,55	9,50	4,75
250	2,15	3,20	1,60	4,20	2,15	700	4,80	7,20	3,60	9,60	4,80
260	2,20	3,30	1,65	4,40	2,20	710	4,95	7,35	3,60	9,80	4,95
270	2,25	3,35	1,65	4,50	2,25	720	5,—	7,45	3,75	9,90	5,—
280	2,30	3,45	1,70	4,60	2,30	730	5,05	7,50	3,80	10,—	5,05
290	2,35	3,50	1,75	4,70	2,35	740	5,10	7,60	3,85	10,10	5,10
300	2,40	3,60	1,80	4,80	2,40	750	5,15	7,65	3,85	10,20	5,15
310	2,55	3,75	1,80	5,—	2,55	760	5,20	7,75	3,90	10,40	5,20
320	2,60	3,85	1,95	5,10	2,60	770	5,25	7,80	3,95	10,50	5,25
330	2,65	3,90	2,—	5,20	2,65	780	5,30	8,—	4,—	10,60	5,30
340	2,70	4,—	2,05	5,30	2,70	790	5,35	8,05	4,—	10,70	5,35
350	2,75	4,05	2,05	5,40	2,75	800	5,40	8,15	4,05	10,80	5,40
360	2,80	4,15	2,10	5,60	2,80	810	5,55	8,20	4,10	11,—	5,55
370	2,85	4,20	2,15	5,70	2,85	820	5,60	8,30	4,15	11,10	5,60
380	2,90	4,40	2,20	5,80	2,90	830	5,65	8,35	4,15	11,20	5,65
390	2,95	4,45	2,20	5,90	2,95	840	5,70	8,55	4,20	11,30	5,70
400	3,—	4,55	2,25	6,—	3,—	850	5,75	8,60	4,35	11,40	5,75
410	3,15	4,60	2,30	6,20	3,15	860	5,80	8,70	4,40	11,60	5,80
420	3,20	4,70	2,35	6,30	3,20	870	5,85	8,75	4,40	11,70	5,85
430	3,25	4,75	2,35	6,40	3,25	880	5,90	8,85	4,45	11,80	5,90
440	3,30	4,95	2,40	6,50	3,30	890	5,95	8,90	4,50	11,90	5,95
450	3,35	5,—	2,55	6,60	3,35	900	6,—	9,—	4,55	12,—	6,—

IX. Gebühren nach der Justizbeitreibungsordnung

Wert bis	Mahngebühr § 12	Pfändungsgebühr voll § 13 Abs. 1	Pfändungsgebühr halb § 13 Abs. 2	Verwertungsgebühr voll § 14 Abs. 1	Verwertungsgebühr halb § 14 Abs. 2
DM	DM	DM	DM	DM	DM
910	6,15	9,15	4,55	12,20	6,15
920	6,20	9,25	4,60	12,30	6,20
930	6,25	9,30	4,65	12,40	6,25
940	6,30	9,40	4,70	12,50	6,30
950	6,35	9,45	4,70	12,60	6,35
960	6,40	9,55	4,75	12,80	6,40
970	6,45	9,60	4,80	12,90	6,45
980	6,50	9,80	4,95	13,—	6,50
990	6,55	9,85	4,95	13,10	6,55
1000	6,60	9,95	5,—	13,20	6,60
1010	6,75	10,—	5,05	13,40	6,75
1020	6,80	10,10	5,10	13,50	6,80
1030	6,85	10,15	5,10	13,60	6,85
1040	6,90	10,35	5,15	13,70	6,90
1050	6,95	10,40	5,20	13,80	6,95
1060	7,—	10,50	5,25	14,—	7,—
1070	7,05	10,55	5,25	14,10	7,05
1080	7,10	10,65	5,30	14,20	7,10
1090	7,15	10,70	5,35	14,30	7,15
1100	7,20	10,80	5,40	14,40	7,20
1110	7,35	10,95	5,40	14,60	7,35
1120	7,40	11,05	5,55	14,70	7,40
1130	7,45	11,10	5,60	14,80	7,45
1140	7,50	11,20	5,65	14,90	7,50
1150	7,55	11,25	5,65	15,—	7,55
1160	7,60	11,35	5,70	15,20	7,60
1170	7,65	11,40	5,75	15,30	7,65
1180	7,70	11,60	5,80	15,40	7,70
1190	7,75	11,65	5,80	15,50	7,75
1200	7,80	11,75	5,85	15,60	7,80
1210	7,95	11,80	5,90	15,80	7,95
1220	8,—	11,90	5,95	15,90	8,—
1230	8,05	11,95	5,95	16,—	8,05

Wert bis	Mahngebühr § 12	Pfändungsgebühr voll § 13 Abs. 1	Pfändungsgebühr halb § 13 Abs. 2	Verwertungsgebühr voll § 14 Abs. 1	Verwertungsgebühr halb § 14 Abs. 2
DM	DM	DM	DM	DM	DM
1240	8,10	12,15	6,—	16,10	8,10
1250	8,15	12,20	6,15	16,20	8,15
1260	8,20	12,30	6,20	16,40	8,20
1270	8,25	12,35	6,20	16,50	8,25
1280	8,30	12,45	6,25	16,60	8,30
1290	8,35	12,50	6,30	16,70	8,35
1300	8,40	12,60	6,35	16,80	8,40
1310	8,55	12,75	6,35	17,—	8,55
1320	8,60	12,85	6,40	17,10	8,60
1330	8,65	12,90	6,45	17,20	8,65
1340	8,70	13,—	6,50	17,30	8,70
1350	8,75	13,05	6,50	17,40	8,75
1360	8,80	13,15	6,55	17,60	8,80
1370	8,85	13,20	6,60	17,70	8,85
1380	8,90	13,40	6,75	17,80	8,90
1390	8,95	13,45	6,75	17,90	8,95
1400	9,—	13,55	6,80	18,—	9,—
1410	9,15	13,60	6,85	18,20	9,15
1420	9,20	13,70	6,90	18,30	9,20
1430	9,25	13,75	6,90	18,40	9,25
1440	9,30	13,95	6,95	18,50	9,30
1450	9,35	14,—	7,—	18,60	9,35
1460	9,40	14,10	7,05	18,80	9,40
1470	9,45	14,15	7,05	18,90	9,45
1480	9,50	14,25	7,10	19,—	9,50
1490	9,55	14,30	7,15	19,10	9,55
1500	9,60	14,40	7,20	19,20	9,60

bei höheren Werten treten hinzu:

Mahngebühr	Pfändungsgebühr voll	Pfändungsgebühr halb	Verwertungsgebühr voll	Verwertungsgebühr halb
1/2%	3/4%	3/8%	1%	1/2%
+0,50	+0,75	+0,375	+1,—	+0,50

dazu 20% Zuschlag

X. Gebühren zum Arbeitsgerichtsgesetz

nach § 12 des ArbGerGesetzes v. 3. 9. 1953 — BGBl. I S. 1267 —
siehe auch Abschnitt VI Ziff. 7

Streitwert bis DM	Volle Gebühr DM	Halbe Gebühr DM	Streitwert bis DM	Volle Gebühr DM	Halbe Gebühr DM
20	1	0,50	4500	135	67,50
60	2	1,—	4600	138	69,—
100	3	1,50	4700	141	70,50
200	6	3,—	4800	144	72,—
300	9	4,50	4900	147	73,50
400	12	6,—	5000	150	75,—
500	15	7,50	5100	153	76,50
600	18	9,—	5200	156	78,—
700	21	10,50	5300	159	79,50
800	24	12,—	5400	162	81,—
900	27	13,50	5500	165	82,50
1000	30	15,—	5600	168	84,—
1100	33	16,50	5700	171	85,50
1200	36	18,—	5800	174	87,—
1300	39	19,50	5900	177	88,50
1400	42	21,—	6000	180	90,—
1500	45	22,50	6100	183	91,50
1600	48	24,—	6200	186	93,—
1700	51	25,50	6300	189	94,50
1800	54	27,—	6400	192	96,—
1900	57	28,50	6500	195	97,50
2000	60	30,—	6600	198	99,—
2100	63	31,50	6700	201	100,50
2200	66	33,—	6800	204	102,—
2300	69	34,50	6900	207	103,50
2400	72	36,—	7000	210	105,—
2500	75	37,50	7100	213	106,50
2600	78	39,—	7200	216	108,—
2700	81	40,50	7300	219	109,50
2800	84	42,—	7400	222	111,—
2900	87	43,50	7500	225	112,50
3000	90	45,—	7600	228	114,—
3100	93	46,50	7700	231	115,50
3200	96	48,—	7800	234	117,—
3300	99	49,50	7900	237	118,50
3400	102	51,—	8000	240	120,—
3500	105	52,50	8100	243	121,50
3600	108	54,—	8200	246	123,—
3700	111	55,50	8300	249	124,50
3800	114	57,—	8400	252	126,—
3900	117	58,50	8500	255	127,50
4000	120	60,—	8600	258	129,—
4100	123	61,50	8700	261	130,50
4200	126	63,—	8800	264	132,—
4300	129	64,50	8900	267	133,50
4400	132	66,—	9000	270	135,—

X. Gebühren zum Arbeitsgerichtsgesetz

Streitwert bis DM	Volle Gebühr DM	Halbe Gebühr DM	Streitwert bis DM	Volle Gebühr DM	Halbe Gebühr DM
9100	273	136,50	13000	390	195,–
9200	276	138,–	13100	393	196,50
9300	279	139,50	13200	396	198,–
9400	282	141,–	13300	399	199,50
9500	285	142,50	13400	402	201,–
9600	288	144,–	13500	405	202,50
9700	291	145,50	13600	408	204,–
9800	294	147,–	13700	411	205,50
9900	297	148,50	13800	414	207,–
10000	300	150,–	13900	417	208,50
10100	303	151,50	14000	420	210,–
10200	306	153,–	14100	423	211,50
10300	309	154,50	14200	426	213,–
10400	312	156,–	14300	429	214,50
10500	315	157,50	14400	432	216,–
10600	318	159,–	14500	435	217,50
10700	321	160,50	14600	438	219,–
10800	324	162,–	14700	441	220,50
10900	327	163,50	14800	444	222,–
11000	330	165,–	14900	447	223,50
11100	333	166,50	15000	450	225,–
11200	336	168,–	15100	453	226,50
11300	339	169,50	15200	456	228,–
11400	342	171,–	15300	459	229,50
11500	345	172,50	15400	462	231,–
11600	348	174,–	15500	465	232,50
11700	351	175,50	15600	468	234,–
11800	354	177,–	15700	471	235,50
11900	357	178,50	15800	474	237,–
12000	360	180,–	15900	477	238,50
12100	363	181,50	16000	480	240,–
12200	366	183,–	16100	483	241,50
12300	369	184,50	16200	486	243,–
12400	372	186,–	16300	489	244,50
12500	375	187,50	16400	492	246,–
12600	378	189,–	16500	495	247,50
12700	381	190,50	16600	498	249,–
12800	384	192,–	über 16600	500	250,–
12900	387	193,50			

FSC
www.fsc.org
MIX
Papier | Fördert
gute Waldnutzung
FSC® C083411

Kolibri 360 GmbH
Ferdinand-Jühlke-Straße 7
99095 Erfurt, Deutschland
produktsicherheit@kolibri360.de